山西博物院

藏品概览·印章卷

山西博物院 编

文物出版社

图书在版编目（CIP）数据

山西博物院藏品概览．印章卷／山西博物院编；张元成主编．-- 北京：文物出版社，2022.7
ISBN 978-7-5010-7499-0

Ⅰ．①山… Ⅱ．①山… ②张… Ⅲ．①文物—介绍—山西②古印（考古）—收藏—山西 Ⅳ．① K872.25

中国版本图书馆 CIP 数据核字（2022）第 063334 号

山西博物院藏品概览·印章卷

编　　者／山西博物院

责任编辑／许海意
责任印制／王　芳
摄　　影／宋　朝　张　冰
装帧设计／谭德毅

出版发行／文物出版社
社　　址／北京市东直门内北小街2号楼
邮政编码／100007
网　　址／http://www.wenwu.com
经　　销／新华书店
制版印刷／北京荣宝艺品印刷有限公司
开　　本／889毫米×1194毫米　1/16
印　　张／17.25
版　　次／2022年7月第1版
印　　次／2022年7月第1次印刷
书　　号／ISBN 978-7-5010-7499-0
定　　价／280.00元

《山西博物院藏品概览·印章卷》
编辑委员会

序言

山西位于黄河中游，地处中原农耕文化和北方草原文化交汇区域。特定的地理位置和多元的文化交流，为三晋大地留下了丰富而鲜明的历史文化遗产。山西现有不可移动文物53875处，其中全国重点文物保护单位452处。国有馆藏可移动文物320万件（组）。这些美轮美奂的文物，恰如散落在黄土地上的点点繁星，折射出华夏文明的璀璨光辉。

山西博物院前身为1919年创建的山西教育图书博物馆，是中国最早设立的博物馆之一，至今已有100年的历史。1953年起称山西省博物馆。2005年建成开放的山西博物院坐落在龙城太原美丽的汾河西岸，2008年起向公众免费开放，成为全国首批国家一级博物馆，是山西省最大的文物收藏、保护、研究和展示中心。院藏的40余万件文物荟萃全省精华，其中新石器时代陶寺遗址出土文物、商代方国文物、两周时期晋及三晋文物、北朝文物、石刻造像、历代地方陶瓷、金代戏曲文物等颇具特色。

为保护传承山西历史文化，合理利用文物资源，以文明的力量助推社会的发展进步，值此建馆100周年之际，我院将分期分批推出院藏文物精品图录，藉以向为山西博物馆事业付出辛勤劳动、无私奉献和关心支持的各界人士表示崇高的敬意和衷心的感谢！同时希望更多的社会各界人士关注、关爱、支持山西博物馆事业的发展！

回望百年，一代代晋博人薪火相传，筚路蓝缕。遥望未来，新时代的文博人将栉风沐雨，砥砺前行。习近平总书记强调，要“系统梳理传统文化资源，让收藏在博物馆里的文物、陈列在广阔大地上的遗产、书写在古籍里的文字都活起来”。作为三晋文化的弘扬和传承者，山西博物院将认真贯彻落实习近平总书记关于文物工作的重要指示批示精神，坚持把社会效益放在首位，着力打造“艺术展示的殿堂，学生学习的课堂，民众休闲的乐园”，使博物馆成为推动经济社会发展、彰显地域文化魅力、提升人民生活品质的有力支撑，为不断谱写新时代中国特色社会主义山西新篇章而不断努力！

谨以此献给山西博物院成立100周年。

山西博物院院长 张元成

2019年1月

综述

中国印章源远流长，自成体系，它的形成和发展与社会政治、经济、文化紧密相关，既是社会实用信物，又是艺苑珍异名品，具有丰富的文化内涵，是传统文化的重要组成部分。

玺印的起源可追溯到殷商时代，战国时期玺印的使用已十分普遍。战国玺印无论钮制、印面形状以及文字风格，均无特定标准，以风格多样著称。这时期各诸侯国文字尚未统一，手工业技术传统亦不同，玺印文字与形制呈现出明显的地域特色，形成齐、燕、楚、晋、秦五种不同地域特色的玺印风格。齐玺铸造风格简率，以白文为主；燕系文字辛辣，线质苍厚，多呈阳刚之美；楚玺文字结构奇逸，体势绮丽，笔画流畅飞动，具有同期简帛书法的散逸之趣；秦系印文结字更显方整，继承宗周以来的字形，与秦统一后的小篆为同一脉，印面多有界格；晋系包括韩、赵、魏及中山国等诸国，尺寸较小，印文书法与铸造工艺在总体上表现出较高的艺术水平。山西博物院藏战国古玺中三晋玺印占比最大，不仅内容丰富，铸造亦精美，除常见的姓名玺、箴言玺、吉语玺，更有两方珍贵的印章陶模。其一，“中行”陶模，印面呈圆形，边缘微残，直径1.8厘米，通高1.5厘米。龙形钮，龙身卷曲成圆钮，龙俯首，圆目，身后两爪扑地，身饰圆点纹。印面外有边框，内刻阳文“中行”二字。其二，“⿱禾口”字陶模，印面近椭圆形，一边平直。素面桥形钮，顶面饰几何纹，印面外有边框，内刻阳文“⿱禾口”字。印面长1.5厘米，宽1.2厘米，通高1.3厘米。“⿱禾口”字，《侯马白店铸铜遗址》中释作“繁”。周波先生在《中山器铭文补释》一文中对此字进行了详细的考释，隶定为“⿱禾口”，读“魏”。“⿱禾口”字，我们从周波先生释，读“魏”。两件印章陶模均出土于山西侯马白店铸铜遗址。陶模字腔深峻，制作精美，体现了三晋地区精湛的青铜铸造技艺，为研究中国古代印章的渊源和制作工艺提供了非常难得的资料。

在三晋古玺中，姓名玺的存量较多，对研究姓氏的来源、分化有着重要意义。其中以单姓单名玺最为普遍，单姓双名和复姓双名的较少。“肖（赵）䠶”“肖（赵）交”“王往”“孟官”“高均”“�春丞”等古玺都是单姓单名玺。“肖（赵）䠶”铜玺，朱文，坛钮。印面呈正方形，边长1.2厘米，通高0.4厘米。印体较小，坡形钮座直接与印台相连，钮座显得十分陡峭，整个印体也显得格外厚重。

印文“肖”字从小、从月，写法具有晋系文字特征。“肖”，战国文字除了人名以外，多为姓氏，读作“趙（赵）”。《广韵》载，伯益孙造父善御，幸于周穆王，赐以赵城，因封为氏。“长醴”铜玺，朱文，鼻钮。印面呈正方形，边长1.4厘米，通高1.3厘米。印面边框较粗，文字精细挺拔，结构修长，铸造十分精美。目前，学者对印文中第二字有不同的释读。施谢捷先生在《古玺汇考》中释为“詍”（世）；李学勤、李家浩、陈剑等释为“醴”（世）；田炜先生在《释古字中的“醴”与“詍”》中隶定此字为“詍”，读“世”，人名。我们从李学勤先生，释为“醴”（世）。晋系姓名玺中还常常会出现与病有关的名，如“肖瘢”玺，这是古人表达以病去病的朴素思想，也是当时社会的习俗。三晋古玺以形制小，文字整饬精严，铸造精美为特点。如“慎玺”“明上”“敬事”等铜玺，其印体形态规整，印面文字细劲挺拔，空腔较深，体现了三晋地区玺印的审美风尚和成熟工艺铸造水平。

秦汉是玺印发展史上的一个重要时期，完成了官私印形制和文字风格的重大转折，建立起完备的印章制度，形成延续八百年的秦汉印系。汉官印钮式或龟钮或瓦钮（鼻钮），白文，印文以横平竖直、掺入隶意的摹印篆为主，笔画苍劲雄健、字体宽博浑穆，呈现端庄、博大、雍容的风格，并成为后世印人崇尚的典范。汉官印中武官印的存量较多，以凿刻为主，印文章法生动自然，风格劲削挺拔，别具天趣。山西博物院收藏“军司马印”“别部司马”“军假司马”“假司马印”“部曲督印”“部曲将印”“军曲侯印”等多方武官印，为研究两汉时期的职官制度提供了有价值的实物资料。如“部曲将印”，铜质，印面呈方形，白文，鼻钮。印文凿刻，刀锋饱满有力，粗中有细，呈现粗犷豁达的美感。“部曲”，系汉代军队编制的名称。《后汉书·百官志》：“将军，不常置。本注曰：掌征伐背叛。比公者四：第一大将军……其领军皆有部曲。大将军营五部，部校尉一人，比二千石；军司马一人，比千石。部下有曲，曲有军候一人，比六百石。曲下有屯，屯长一人，比二百石。”“部曲将”为率领部曲的将领，始置于东汉末三国时期，延至两晋仍有设置，属部曲督。“部曲将印”为汉至魏晋南北朝这一历史时期的武官印。汉代私印以白文为主，匀满平正为其基本风格特征。如“淳于商印”“侌祎私印”等铜印，体现出简洁大方，不事雕琢的平实之美。穿带印盛行于汉代，因左右有孔可以穿带，故名。印的上下两面都刻有印文，大多是一面刻姓名，一面刻字号的私印。从山西博物院藏“赵晚”“臣晚”及“周昌”“臣昌”等数方穿带印中可窥一斑。

隋唐时期印章制度发生了重大变化，其核心是官署印替代了之前的官职印，钤朱淘汰了封泥。隋唐官印的笔画圆转婉曲，印面布局疏朗，印体加大，印钮加高，印面尺寸约5~6厘米，彻底改变了秦汉印方寸的传统。

宋金官印字体以曲折盘叠的九叠篆为特征，印面布局繁密，这种篆体也成为了元明清官印文字的主流。印背刻款在宋代形成统一格式，边款则始于金代。金代官印在印背凿刻该印的铸造机构和时间的基础上，增加了印文内容的对译，为防作伪，又加刻了千字文编号。如“尚书礼部差委梓字号印”，铜质，印面呈正方形，梯形板状钮，朱文，印文为九叠篆体。印背錾刻“泰和八年十月 礼部造”，印台侧面錾刻“尚书礼部差委梓字号印”，印钮顶端錾“上”字，以示印文上下。“梓”是千字文编号。“差委”，金代临时派遣之官员，即因事委任。所见金代印多为“差委”，而金史名“委差”，或许“差委”较为准确。此印质地、钮式、印风、凿款与规制完全相同，是一方典型的金代官印。山西博物院藏有金代铜官印10余方，在形制、印文及工艺上具备鲜明的时代特征，为研究当时社会的职官制度、行政区域沿革及兵制提供了宝贵的实物资料。其中，“晋州军辖司印”“河东北路转运使印”“潞州监支纳印”“石郡节度使印”等印均属于山西地区的官印，颇为珍贵。

元代官印有汉文和八思巴文两类，八思巴文字行用于至元六年（1269年），同年即颁发八思巴文官印。官印背面刻款承袭前朝，刻该印铸造时间、铸造机构及印文的汉字对译。山西博物院藏一方八思巴文铜印，橛钮，印面呈方形，印文为八思巴文篆书，从形制、印文及刻款等方面考量，与规制完全相符，是一方标准的八思巴文官印。印背左刻汉字款两行，字迹模糊，仅可辨识“中书……造”“至元十二年六月□日”，印背右刻“武州之印”。依据印背汉字对译，可以确定印文为篆书八思巴文“武州之印”。《元史·地理志》：“武州，唐隶定襄、马邑二郡。辽置武州宣威军。元至元二年，割宁边州之半来属。旧领宁边一县及司侯司，四年省入州。”武州，属河东山西道大同路，治在今山西五寨县北。此印为山西地区的官印。1980年山西省博物馆在太原电解铜厂拣选入藏。

明清官印的印文、形制沿用宋金模式，印钮变高，呈扁圆形（杙钮），刻款内容和方式与金印基本相同，明末改千字文编号为当朝皇帝年号，清朝沿用此制。清朝规定百官印均“印文满、汉本字镌于印背，年、月、号数镌于印旁”。山西博物院藏“九原驿记”朱文铜印，长方形，杙钮，呈扁圆柱状，印面为满汉文并列，汉字篆书“九原驿记”，满文用本字。印背刻铸印机构“礼部造”及满汉文的印文对译“九原驿记”，印右侧刻铸造时间“顺治五年正月”，左侧刻官印编号“顺字四千九百四十五号”。此印铸于顺治五年（1648年），故印文篆法仅限于汉文，满文仍用本字。乾隆朝厘定印制，满文以篆体入印。如“山西河保营参将关防”“潞安府印”“山西潞安府分驻太义镇同知关防”等印质地、钮式、印风与规制一样。清官印印文排叠绵密，呈现出刻板与程式化的面貌。

明清时期文人篆刻艺术成为印坛主流，文学性、思想性、情感性的词语成为篆刻文字题材的主体，人文精神的表现更为自由。“长留天地间”“谬被人吁今伯夷”“锡韬鉴赏”“今是昨非”等印体现了篆刻家精湛的技艺和艺术审美，他们在追求印文内涵的同时，也注重印面的艺术形式，以薄意表现花草翎毛、山林野趣的印材雕刻，极大地丰富了印章的艺术性和观赏性。

“家在苕溪山水间”“半潭秋水一房山”“动而得谤名亦随之”“旧居庵画溪头”“赤臣”“率真”等印均源于张絅伯的旧藏，印石选材和做工极为考究，艺术性颇高。张絅伯（1885~1969年），名晋，字絅伯，炯伯，浙江宁波人。早年经商，后参加爱国民主运动，加入中国民主建国会。业余致力于研究徽墨、中国古钱币，具有极高的鉴赏能力，收藏颇富，是民国时期著名的收藏家。张絅伯为每方印章制做了印盒，并在印盒上写有题记，如“家在苕溪山水间”寿山石印，石质细腻润泽，印文为细朱文，无边款，印盒内外均有题记，分别为“家在苕溪山水间，董小池镌”“吴门王绍周所让，时民国二十二年夏初也。三十一年一月装后记”。钤“絅伯珍藏”印。此印无边款，张絅伯考证为董小池镌。董洵（1740~1812年），字企泉，号小池，又号念巢，浙江绍兴人。工诗画，善篆刻，清代中期著名的篆刻家。“半潭秋水一房山” 寿山朱文印，石质细腻，印文风格属元朱文，笔画细劲。印文出自于唐朝诗人李洞《山居喜友人见访》：“看待诗人无别物，半潭秋水一房山。”“半潭秋水一房山”诗句深受文人喜爱，后被广泛借用。印盒题“庚寅季春重装，絅伯”。张絅伯题记的内容或简或详，成为我们了解印章背后人文历史的第一手资料，颇为珍贵。

院藏冯纶自用印及藏印是民国时期篆刻名家作品的集中展现，篆刻作者准确，篆刻人物众多，王福庵、童大年、唐醉石、方介堪、陈巨来等诸名家篆刻均有呈现。冯纶（1889~1954年），字次经，山西隰县人，民国时期著名法学家、教授。在教学和研究之余，先生倾力搜罗山西地方文献、法律、古籍图书及名人书画、碑帖、印章，收藏颇丰。“次经所藏”“隰县冯次经藏书之印”“次经鉴赏”“冯次经藏书记”等鉴藏印即是实证。冯纶自用印不仅有鉴赏印、姓名印、还有吉语印，如“次经长寿”“次经长年”“宽柔以教”等。这批印章内容丰富，印材精美，多为当时名家镌刻，也从一个侧面反映出冯纶与篆刻家之间的人文交往。

民国时期山西亦有许多浸淫篆刻艺术的名家，如常赞春、孔昭来、赵铁山、赵渔山等等，他们深谙印学理论，潜心钻研，广交朋友，与篆刻名家时有唱酬，引领着山西篆刻艺术的发展。山西博物院藏赵铁山自用印多达20余方，为其治印者既有当时北方印坛名家穆云谷、王希哲、于非庵，亦有其弟赵昌源（渔山）。其中，王希哲治印3方，从边款得知，赵铁山曾以书扇相贶王希哲，体现了文人之间作品酬赠之雅事。王希哲（1880~1953年），名光烈，字希哲，沈阳人，书法篆刻名家，与吴昌硕、齐白石等书画大师时有唱酬，著有《篆刻百举》《篆刻漫谈》《印学今义》等。天津穆云谷（1875~1938年）治印苍古拙重，颇为吴昌硕先生所赞许，称其为“金石妙手”，以“南有吴昌硕，北有穆寿山”享誉金石界。穆云谷曾在晋军任职期间为赵铁山刻“赵昌燮印”（白文）、“铁山”（朱文）两方印，印文仿汉，圆润质朴。赵铁山对这两方印十分喜爱，常常钤盖在其书画作品上，如院藏赵铁山临《小臣守簋盖铭》书轴。“闲中趣冷处香”随形印是赵铁山与胞弟赵昌源（渔山）合作的佳品，印文为细朱文，铁山缪篆，渔山镌刻，一书一篆，相得益彰。赵铁山自用印内容丰富，有姓名印、字号印、纪年印、鉴藏印等等，为研究赵铁山生平、交友提供了实物资料。“太谷赵叔子字铁山又字惕三别号汉痴”白文印，边款内容极为丰富，既有其字号之缘由，亦有与胞弟渔山切磋治印之感悟。“铁山四十八岁所更名”印是他48岁更名“礐”时所用，也是鉴定其书画作品真伪的证据之一。赵氏乃收藏世家，其父维周即喜收藏古籍，铁山及其兄弟亦嗜好收藏，藏书室多达5间，名曰“絅斋藏书室”。“太谷赵氏伯仲叔季购藏名贤遗泽寿石吉金之印”是赵氏家族留存的藏印之一。

山西博物院藏印700余方，从战国两汉的古玺印，到近现代文人篆刻，具有时间跨度大，材质多样，内容丰富的特点，为我们研究印章的发展演变、中国古文字、职官制度史与行政区划沿革等提供了重要的实物资料。

（曹玉琪）

目录

战国

秦

汉

三国

魏晋

北朝

宋

金

元

清

民国

印章·图版

『司寇之玺』铜玺

战国

印面 2.7×2.7厘米，通高1.5厘米

旧藏

铜质。鼻钮，方形印面，有阴线边栏，白文，印文为『司寇之玺』。

司寇，职官名，执掌刑狱等事务。《周礼·秋官》载有司寇之职：『乃立秋官司寇，使帅其属而掌邦禁，以佐王刑邦国。刑官之属：大司寇，卿一人。小司寇，中大夫二人。』至明清时，司寇成为刑部尚书的俗称。

『右畠滑韓翌玺』铜玺

战国

印面 3.5×3.1 厘米，通高 1.4 厘米

1986 年钱自在先生捐献

铜质。鼻钮，背饰回形纹，长方形印面，朱文，印文为『右畠滑韓翌玺』。

此印在《古玺汇编》《古玺汇考》等书中有著录。学者如曹锦炎、徐在国等对此印中文字释读有不同见解，但仍一致认为此印是战国职官印。

『魏』玺印陶模

战国

印面1.5×1.2厘米，通高1.3厘米

2003年侯马白店铸铜遗址出土

黄褐色。桥形钮，印面近似椭圆形，阳刻『魏』字，背面饰几何纹。

2003年山西省考古研究所在侯马市白店村西北的晋国东周铸铜遗址中出土了大量日常生活用陶器和青铜器陶制模范等。发掘报告《侯马白店铸铜遗址》公布了『中行』『魏』『少君』『公』等7件陶制印章模范，制作非常精美，体现了三晋地区精湛的手工铸造技艺。

『中行』玺印陶模

战国

印面径1.8厘米，通高1.5厘米

2003年侯马白店铸铜遗址出土

黄褐色。龙形钮，印面呈圆形，边缘微残，阳刻『中行』二字。

『夤邦』铜玺

战国

印面 1.8×0.8 厘米，通高 1 厘米

旧藏

铜质。坛钮，长方形印面，『日』字界格，白文，印文为『夤邦』二字。

『司马汸』铜玺

战国

印面 1.4×1.4 厘米，通高 1.1 厘米

旧藏

铜质。坛钮，方形印面，『日』字界格，白文，印文为『司马汸』三字。

『王截』铜玺

战国

印面1.2×1.2厘米，通高1.4厘米

旧藏

铜质。坛钮，方形印面，朱文，印文为『王截』二字。

『公孙□』铜玺

战国

印面径1.8厘米，通高1.5厘米

旧藏

铜质。坛钮，圆形印面，朱文，印文为『公孙□』三字。

『王往』铜玺

战国

印面1.2×1.2厘米，通高1.2厘米

旧藏

铜质。坛钮，方形印面，朱文，印文为『王往』二字。

『丧湩去』铜玺

战国

印面1.4×1.4厘米，通高1.2厘米

旧藏

铜质。坛钮，方形印面，朱文，印文为『丧湩去』。

『肖[畕齒]』铜玺

战国

印面 1.2×1.2 厘米，通高 0.4 厘米

旧藏

铜质。坛钮，方形印面，朱文，印文为『肖[畕齒]』二字。

『肖交』铜玺

战国

印面 1.4×1.4 厘米，通高 1.3 厘米

1972 年征集

铜质。坛钮，方形印面，朱文，印文为『肖交』二字。

『肖书』铜玺

战国

印面 1.4×1.4 厘米，通高 1.1 厘米

旧藏

铜质。坛钮，方形印面，朱文，印文为『肖书』二字。

『肖痴』铜玺

战国

印面 1×1 厘米，通高 1.2 厘米

旧藏

铜质。坛钮，方形印面，朱文，印文为『肖痴』二字。

『□□陛』铜玺

战国

印面 1.1×1.1 厘米，通高 1.3 厘米

旧藏

铜质。坛钮，方形印面，朱文，印文为『□□陛』。

『长䣈』铜玺

战国

印面 1.4×1.4 厘米，通高 1.3 厘米

旧藏

铜质。坛钮，方形印面，朱文，印文为『长䣈』二字。

『石迲痯』铜玺

战国

印面1.2×1.2厘米，通高1.4厘米

旧藏

铜质。坛钮，方形印面，朱文，印文为『石迲痯』。

『高均』铜玺

战国

印面1.3×1.3厘米，通高1.5厘米

旧藏

铜质。坛钮，方形印面，朱文，印文为『高均』二字。

『⿰犭斤從』铜玺

战国

印面1.7×1.7厘米，通高1.3厘米

旧藏

铜质。鼻钮，方形印面，朱文，印文为『⿰犭斤從』二字。

『孟官』铜玺

战国

印面1.2×1.2厘米，通高1.2厘米

旧藏

铜质。坛钮，方形印面，朱文，印文为『孟官』二字。

『其毋余子』铜玺

战国

印面1.9×1.9厘米，通高1.3厘米

旧藏

铜质。台钮，方形印面，有阴线边栏，白文，印文为『其毋余子』。

『鄗丞』铜玺

战国

印面1.1×1.1厘米，通高1.4厘米

旧藏

铜质。坛钮，方形印面，朱文，印文为『鄗丞』二字。

『心』铜玺

战国

印面1×1厘米，通高1.2厘米

1965年山西省长治市分水岭出土

铜质。猴钮，方形印面，朱文，印文为『心』字。

『寮』石玺

战国

印面 1.1×1.1 厘米，通高 1.4 厘米

1974 年太原市征集

石质。坛钮，方形印面，朱文，印文为『寮』字。

『左』铜玺

战国

印面 0.9×0.9 厘米，通高 0.6 厘米

旧藏

铜质。鼻钮，方形印面，朱文，印文为『左』字。

『安官』铜玺

战国

印面1×1厘米，通高1.6厘米

旧藏

铜质。坛钮，边缘微残，方形印面，朱文，印文为『安官』二字。

『大吉昌内』铜玺

战国

印面1.6×1.6厘米，通高1厘米

旧藏

铜质。鼻钮，背面饰几何纹，方形印面，『田』字界格，朱文，印文为『大吉昌内』，有专家释作『出内大吉』，属战国吉语玺。

『昌』铜玺

战国

印面径 1.4 厘米，通高 1 厘米

1963 年征集

铜质。鼻钮，圆形印面，朱文，印文为『昌』字。

『寿福』铜玺

战国

印面 1.1×1.1 厘米，通高 0.8 厘米

旧藏

铜质。坛钮，方形印面，有阳线边栏，朱文，印文为『寿福』二字。

『正行亡私』铜玺

战国

印面 1×1 厘米，通高 1 厘米

1974 年太原市征集

铜质。坛钮，方形印面，『田』字界格，朱文，印文为『正行亡私』。玺文『亡』与『无』字通，《韩非子·饰邪》曰：『行公正，居官无私，人臣之公义也。』

『中身』铜玺

战国

印面 1.3×1.3 厘米，通高 0.7 厘米

旧藏

铜质。鼻钮，方形印面，朱文，印文为『中身』二字。

『青中』铜玺

战国

印面径 1.2 厘米，通高 0.9 厘米

1974 年太原市征集

铜质。瓦钮，圆形印面，朱文，印文为『青中』二字。

『敬其上』铜玺

战国

印面 1.4×1.4 厘米，通高 0.4 厘米

旧藏

铜质。坛钮，方形印面，朱文，印文为『敬其上』。

『敬事』铜玺

战国

印面 1.3×1.3 厘米，通高 1.1 厘米

旧藏

铜质。坛钮，方形印面，朱文，印文为『敬事』二字。

『明上』铜玺

战国

印面 1.5×1.5 厘米，通高 1.3 厘米

旧藏

铜质。坛钮，方形印面，朱文，印文为『明上』二字，有『明主在上』或『明君在上』之义。

『日敬』铜玺

战国

印面 1.6×1.2厘米，通高 0.9厘米

旧藏

铜质。坛钮，印面呈圭形，朱文，印文为『日敬』二字。

『敬文』铜玺

战国

印面 1.1×1.1厘米，通高 1.1厘米

旧藏

铜质。坛钮，方形印面，朱文，印文为『敬文』二字。

『取』铜玺

战国

印面1.4×1.4厘米，通高1.5厘米

旧藏

铜质。坛钮，方形印面，朱文，印文为『取』二字。

『慎玺』铜玺

战国

印面1.5×1.5厘米，通高1.5厘米

旧藏

铜质。坛钮，方形印面，朱文，印文为『慎玺』二字。

『者元』铜玺

战国

印面 1.4×1.4 厘米，通高 1.2 厘米

1974 年太原市征集

铜质。鼻钮，方形印面，朱文，印文为『者元』二字。

『羳後』铜玺

战国

印面 1.4×1.4 厘米，通高 1 厘米

旧藏

铜质。坛钮，方形印面，朱文，印文为『羳後』二字。

『安国君』石印

秦

印面 2.4×2.4 厘米，通高 2.2 厘米

1971 年榆次县王湖岭 4 号墓发掘

石质。坛钮，方形印面，白文，印文为『安国君』，印文与战国时期的文字风格一致。战国时期，秦国『安国君』，即后来的秦孝文王，死后葬于寿陵，在今陕西临潼县北。此印出土于山西榆次县，绝非秦孝文王之墓葬，随葬品亦不丰厚，更符合楚汉之际各国轻率赐爵的情况。张颔先生认为，榆次在楚汉之际当属赵国之地，『安国君』应是当时赵国的封号，是战时赏功空授的爵位。此印保持战国时期六国文字的风格，而不采用小篆文字，是对秦典章制度的反抗，应是六国文化的复旧。

张颔摹写

『稗禄』铜玺

秦

印面1.7×1.2厘米，通高0.8厘米

旧藏

铜质。坛钮，长方形印面，『日』字界格，白文，印文为『稗禄』二字。

『敬事』铜玺

秦

印面1.6×1.1厘米，通高1厘米

1963年太原征集

铜质。瓦钮，长方形印面，『日』字界格，白文，印文为『敬事』二字。

『徐尚』铜玺

秦

印面1×1厘米，通高1厘米

旧藏

铜质。坛钮，方形印面，『日』字界格，白文，印文为『徐尚』二字。

『王肸』铜玺

秦

印面1×1厘米，通高0.8厘米

旧藏

铜质。坛钮，方形印面，『日』字界格，白文，印文为『王肸』二字。

『鞫己』铜玺

秦

印面1.4×1.4厘米，通高1.1厘米

旧藏

铜质。鼻钮，方形印面，『日』字界格，白文，印文为『鞫己』二字。

『范绡』铜玺

秦

印面 1.4×1.4 厘米，通高 1.3 厘米

1981 年太原市征集

铜质。鼻钮，方形印面，『日』字界格，白文，印文为『范绡』二字。

『牛暈』铜印

秦

印面 1.5×1.5 厘米，通高 1.4 厘米

旧藏

铜质。瓦钮，方形印面，『日』字界格，白文，印文为『牛暈』。

『王周』铜玺

秦

印面1.8×1厘米，通高1厘米

旧藏

铜质。鼻钮，长方形印面，『日』字界格，白文，印文为『王周』二字。

『侯迎』铜印

秦

印面1×1厘米，通高0.7厘米

旧藏

铜质。坛钮，方形印面，『日』字界格，白文，印文为『侯迎』。

『关内侯印』铜印

汉

印面 2.1×2.1 厘米，通高 2.4 厘米

旧藏

铜质。龟钮，方形印面，白文，印文为『关内侯印』。

关内侯，爵位名，战国秦置。因秦都咸阳，以关内为王畿，故名。秦汉沿置，为二十等爵第十九级；三国魏文帝定爵制为第十级。

『武阳亭侯』铜印

汉

印面 2.5×2.5 厘米，通高 2.6 厘米

1959 年征集

铜质。龟钮，方形印面，白文，印文为『武阳亭侯』。

亭侯，爵名，列侯食邑为亭者，自汉始，历代多有置。汉代豫章郡鄱阳县有武阳亭，此印主人或因食邑在此地而为『武阳亭侯』。

『祋栩丞印』铜印

汉

印面2.3×2.3厘米，通高2.1厘米

旧藏

铜质。鼻钮，方形印面，白文，印文为『祋栩丞印』。

祋栩，即祋祤，古县名。汉景帝二年（前155年）置，属内史（武帝太初元年更名左冯翊），治所在今陕西省铜川市耀州区一带。东汉初年，祋祤县被废，后又在永元九年（97年）复置。魏晋时期，又以祋祤置北地郡，于祋祤县侨治泥阳县。

『公车令印』铜印

汉

印面2.4×2.4厘米，通高2厘米

旧藏

铜质。瓦钮，方形印面，白文，印文为『公车令印』四字。

公车令，官名，公车司马令的省称，是九卿中卫尉的下属官，俸六百石。《后汉书·百官志》：『公车司马令一人，六百石。』注曰：『掌宫南阙门，凡吏民上章，四方贡献，及征诣公车者。』

『绥民校尉』铜印

汉

印面 2.3×2.3 厘米，通高 2.9 厘米

旧藏

铜质。羊钮，方形印面，白文，印文为『绥民校尉』。绥民校尉，职官名，东汉末年刘表为荆州牧时置，以熊某任之，掌领兵征伐或驻守（《隶释·绥民校尉熊君碑》）。

『军司马印』铜印

汉

印面2.4×2.4厘米，通高2.1厘米

旧藏

铜质。瓦钮，方形印面，白文，印文为『军司马印』。

『军司马印』铜印

汉

印面2.3×2.3厘米，通高2.3厘米

旧藏

铜质。瓦钮，方形印面，白文，印文为『军司马印』。

军司马为汉代部曲官职中的一级，掌领兵，位在校尉以下和部曲之首，俸禄为千石。《后汉书·百官志》：『大将军营五部，部校尉一人，比二千石，军司马，比千石。……其不置校尉部，但军司马一人，又有军假司马、假侯，皆为副贰。』

『别部司马』铜印

汉

印面 2.3×2.3 厘米，通高 2 厘米

旧藏

铜质。瓦钮，方形印面，白文，印文为『别部司马』。

『别部司马』铜印

汉

印面 2.4×2.4 厘米，通高 1.7 厘米

1957 年李磊先生捐献

铜质。瓦钮，方形印面，白文，印文为『别部司马』。

别部司马，官名，汉置，掌领兵征伐。大将军领兵五部（营），每部置校尉一人，军司马一人。其别营领属为别部司马，其兵多少随时宜，不固定。

『军假司马』铜印

汉

印面 2.3×2.3 厘米，通高 2 厘米

旧藏

铜质。瓦钮，方形印面，白文，印文为『军假司马』。

『军假司马』铜印

汉

印面 2.3×2.3 厘米，通高 0.7 厘米

1986 年钱自在先生捐献

铜质。瓦钮，方形印面，白文，印文为『军假司马』。

军假司马，职官名，东汉置，又简称假司马，为军司马之副，佐军司马管理军务。《后汉书·百官志》：『其不置校尉部，但军司马一人。又有军假司马、假候，皆为副贰。』

『军假司马』铜印

汉

印面2.5×2.5厘米，通高2.6厘米

旧藏

铜质。瓦钮，方形印面，白文，印文为『军假司马』。

『军假司马』铜印

汉

印面2.3×2.3厘米，通高2.3厘米

旧藏

铜质。瓦钮，方形印面，白文，印文为『军假司马』。

『假司马印』铜印

汉

印面2.4×2.4厘米，通高2.1厘米

旧藏

铜质。瓦钮，方形印面，白文，印文为『假司马印』。假司马，职官名，东汉置，又称军假司马，为军司马之副，佐军司马管理军务。

『军假司马』铜印

汉

印面2.3×2.3厘米，通高1.8厘米

旧藏

铜质。覆瓦钮，方形印面，白文，印文为『军假司马』。

『假司马印』铜印

汉

印面2.3×2.3厘米，通高2.8厘米

旧藏

铜质。瓦钮，钮上铸字『阳金』，方形印面，白文，印文为『假司马印』。

『部曲将印』铜印

汉

印面2.4×2.4厘米，通高2.2厘米

旧藏

铜质。鼻钮，方形印面，白文，印文为『部曲将印』。

部曲将，统领部曲的将官，始置于东汉末三国时期，延至两晋仍有设置，属部曲督。《通典·职官十九》载：『晋官品列部曲督第七品，部曲将第八品。』

『部曲督印』铜印

汉

印面2.5×2.5厘米，通高2.4厘米

旧藏

铜质。瓦钮，方形印面，白文，印文为『部曲督印』。

部曲，汉代军队编制的名称。部曲督，始置于东汉末三国初，延至两晋皆有设置，为州郡主将，统兵，位在部曲将之上。

『部曲将印』铜印

汉

印面 2.3×2.3 厘米，通高 2.3 厘米

1981 年太原市征集

铜质。瓦钮，方形印面，白文，印文为『部曲将印』。

『部曲将印』铜印

汉

印面 2.4×2.4 厘米，通高 2 厘米

旧藏

铜质。瓦钮，方形印面，白文，印文为『部曲将印』。

『军曲侯印』铜印

汉

印面2.3×2.3厘米，通高2.9厘米

旧藏

铜质。瓦钮，方形印面，白文，印文为『军曲侯印』。

军曲侯，为汉代部曲军职中的下级军官。《后汉书·百官志》载：『大将军营五部，部有校尉一人，部下有曲，曲有军侯一人，比六百石。』

『部曲将印』铜印

汉

印面2.4×2.4厘米，通高2.1厘米

旧藏

铜质。瓦钮，方形印面，白文，印文为『部曲将印』。

『军曲侯印』铜印

汉

印面2.2×2.2厘米，通高2厘米

旧藏

铜质。瓦钮，方形印面，白文，印文为『军曲侯印』。

『李中公』『李頎』铜印

汉

印面 1.6×1.6 厘米，通高 0.7 厘米

旧藏

铜质。双面穿带印，方形印面，一面朱文，印文为『李中公』；一面朱白文，刻『李頎』。

『鲜于去病』『臣去病』铜印

汉

印面2×2厘米，通高0.4厘米

1963年太原市征集

铜质。双面穿带印，方形印面，白文，印文为『鲜于去病』『臣去病』。

『翟客』铜印

汉

印面 1.3×1.3 厘米，通高 0.5 厘米

旧藏

铜质。双面穿带印，方形印面，一面白文，印文为『翟客』；一面似肖形。

『赵晚』『臣晚』铜印

汉

印面 1.5×1.5 厘米，通高 0.7 厘米

旧藏

铜质。双面穿带印，方形印面，一面白文，印文为『赵晚』；一面朱白文，印文为『臣晚』。

『周昌』『臣昌』铜印

汉

印面 1.5×1.5厘米，通高 0.5厘米

旧藏

铜质。双面穿带印，方形印面，一面白文，印文为『周昌』；一面朱白文，印文为『臣昌』。

『伯有初印』铜印

汉

印面 1.6×1.6厘米，通高 1.4厘米

旧藏

铜质。瓦钮，方形印面，白文，印文为『伯有初印』。

『淳于商印』铜印

汉

印面 1.3×1.3 厘米，通高 1.5 厘米

1963 年太原市征集

铜质。瓦钮，方形印面，白文，印文为『淳于商印』。

『董无且』铜印

汉

印面 1.8×1.8 厘米，通高 1.5 厘米

旧藏

铜质。瓦钮，方形印面，白文，印文为『董无且』。

『杜横』铜印

汉

印面1.8×1.8厘米，通高1.6厘米

旧藏

铜质。瓦钮，方形印面，白文，印文为『杜横』。

『兒越私印』铜印

汉

印面1.6×1.6厘米，通高1.3厘米

旧藏

铜质。瓦钮，方形印面，白文，印文为『兒越私印』。

『冯谭之印』铜印

汉

印面1.7×1.7厘米，通高1.6厘米

旧藏

铜质。瓦钮，方形印面，白文，印文为『冯谭之印』。

『逄侈之印』铜印

汉

印面1.4×1.4厘米，通高1.2厘米

旧藏

铜质。瓦钮，方形印面，白文，印文为『逄侈之印』。

『㬥小孺』铜印

汉

印面1.5×1.5厘米，通高1.6厘米

旧藏

铜质。坛钮，方形印面，白文，印文为『㬥小孺』。

『高贞君印』铜印

汉

印面1.6×1.6厘米，通高1.8厘米

旧藏

铜质。兽形钮，方形印面，白文，印文为『高贞君印』。

『弓禧之印』铜印

汉

印面 1.6×1.6 厘米，通高 1.6 厘米

旧藏

铜质。兽形钮，方形印面，白文，印文为『弓禧之印』。

『公孙富』铜印

汉

印面 1.5×1.5 厘米，通高 1.3 厘米

旧藏

铜质。兽形钮，方形印面，白文，印文为『公孙富』。

『公孙贞印』铜印

汉

印面1.6×1.6厘米，通高1.6厘米

旧藏

铜质。兽形钮，方形印面，白文，印文为『公孙贞印』。

『敦庆忌』铜印

汉

印面1.8×1.8厘米，通高1.8厘米

旧藏

铜质。桥钮，方形印面，白文，印文为『敦庆忌』。

『纪弘之印』铜印

汉

印面1.6×1.6厘米，通高1.6厘米

旧藏

铜质。瓦钮，方形印面，白文，印文为『纪弘之印』。

『靳建之印』铜印

汉

印面 1.9×1.9 厘米，通高 1.8 厘米

旧藏

铜质。瓦钮，方形印面，白文，印文为『靳建之印』。

『孔鸿之印』铜印

汉

印面 1.5×1.5 厘米，通高 0.8 厘米

旧藏

铜质。坛钮，方形印面，白文，印文为『孔鸿之印』。

『李忠』铜印

汉

印面1.7×1.7厘米，通高1.7厘米

旧藏

铜质。瓦钮，方形印面，白文，印文为『李忠』。

『李演』铜印

汉

印面1.3×1厘米，通高1.7厘米

旧藏

铜质。龟钮，方形印面，白文，印文为『李演』。

『刘思敬印』铜印

汉

印面 1.8×1.8 厘米，通高 1.6 厘米

旧藏

铜质。瓦钮，方形印面，白文，印文为『刘思敬印』。

『吕丰私印』铜印

汉

印面 1.4×1.4 厘米，通高 1.5 厘米

旧藏

铜质。龟钮，方形印面，白文，印文为『吕丰私印』。

『秦翁来』铜印

汉

印面 1.5×1.5 厘米，通高 0.9 厘米

旧藏

铜质。坛钮，方形印面，白文，印文为『秦翁来』。

『青世私印』铜印

汉

印面1.5×1.5厘米，通高1.4厘米

旧藏

铜质。兽形钮，方形印面，白文，印文为『青世私印』。

『曲福私印』铜印

汉

印面1.4×1.4厘米，通高1.6厘米

旧藏

铜质。龟钮，方形印面，白文，印文为『曲福私印』。

『孙福』铜印

汉

印面1.4×1.4厘米，通高1.2厘米

旧藏

铜质。桥钮，方形印面，白文，印文为『孙福』。

『宿湛私印』铜印

汉

印面1.4×1.4厘米，通高1.4厘米

旧藏

铜质。兽形钮，方形印面，白文，印文为『宿湛私印』。

『孙陵延印』铜印

汉

印面 2.3×2.3 厘米，通高 1.9 厘米

旧藏

铜质。瓦钮，方形印面，白文，印文为『孙陵延印』。

『石弟卿印』铜印

汉

印面 1.4×1.4 厘米，通高 1.4 厘米

旧藏

铜质。瓦钮，方形印面，白文，印文为『石弟卿印』。

『姚永瑞记』铜印

汉

印面2.4×2.4厘米，通高2.4厘米

旧藏

铜质。龟钮，方形印面，白文，印文为『姚永瑞记』。

『解乐世』铜印

汉

印面1.5×1.5厘米，通高1.3厘米

旧藏

铜质。瓦钮，方形印面，白文，印文为『解乐世』。

『徐安之印』铜印

汉

印面1.4×1.4厘米，通高1.4厘米

旧藏

铜质。瓦钮，方形印面，朱白文，印文为『徐安之印』。

『徐充』铜印

汉

印面1.6×1.6厘米，通高1.8厘米

旧藏

铜质。桥钮，方形印面，白文，印文为『徐充』。

『徐行』铜印

汉

印面1.4×1.4厘米，通高1.1厘米

旧藏

铜质。鼻钮，方形印面，白文，印文为『徐行』。

『王田印』铜印

汉

印面 2×2 厘米，通高 2 厘米

旧藏

铜质。鼻钮，方形印面，白文，印文为『王田印』。

『王丰忌印』铜印

汉

印面 1.3×1.3 厘米，通高 1.1 厘米

旧藏

铜质。瓦钮，方形印面，白文，印文为『王丰忌印』。

『杨博私印』铜印

汉

印面2×2厘米，通高1.7厘米

旧藏

铜质。瓦钮，方形印面，白文，印文为『杨博私印』。

『吴中君印』铜印

汉

印面1.7×1.7厘米，通高1.7厘米

旧藏

铜质。兽形钮，方形印面，白文，印文为『吴中君印』。

『杨中科印』铜印

汉

印面 1.6×1.6 厘米，通高 1.5 厘米

1981 年太原市征集

铜质。瓦钮，方形印面，白文，印文为『杨中科印』。

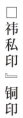

『□祎私印』铜印

汉

印面 1.4×1.4 厘米，通高 1.3 厘米

旧藏

铜质。瓦钮，方形印面，白文，印文为『□祎私印』，首字待考。

『张青牛』铜印

汉

印面 1.4×1.4 厘米，通高 0.9 厘米

1981 年太原市征集

铜质。鼻钮，方形印面，白文，印文为『张青牛』。

『张广信印』铜印

汉

印面 1.6×1.6 厘米，通高 1.7 厘米

旧藏

铜质。龟钮，方形印面，朱文，印文为『张广信印』。

『张遂之印』铜印

汉

印面1.4×1.4厘米，通高1.4厘米

旧藏

铜质。桥钮，方形印面，白文，印文为『张遂之印』。

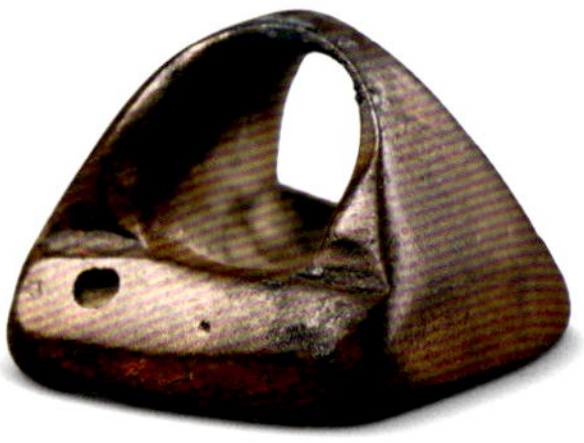

『张喜』铜印

汉

印面1.5×1.5厘米，通高1厘米

旧藏

铜质。坛钮，方形印面，白文，印文为『张喜』。

『郅辅』铜印

汉

印面 1.4×1.4 厘米，通高 1.2 厘米

1981 年太原市征集

铜质。桥钮，方形印面，白文，印文为『郅辅』。

『张忠私印』铜印

汉

印面 1.8×1.8 厘米，通高 1.5 厘米

1963 年太原市征集

铜质。瓦钮，方形印面，白文，印文为『张忠私印』。

“长利”铜印

汉

印面1.1×1.1厘米，通高1厘米

旧藏

铜质。瓦钮，方形印面，白文，印文为“长利”。

“长乐”铜印

汉

印面1.1×1.1厘米，通高1厘米

旧藏

铜质。瓦钮，方形印面，白文，印文为“长乐”。

『日利』铜印

汉

印面 1.1×1.1 厘米，通高 1.2 厘米

1974 年太原市征集

铜质。瓦钮，方形印面，白文，印文为『日利』。

『日利』铜印

汉

印面 1.6×1.6 厘米，通高 1.5 厘米

旧藏

铜质。瓦钮，菱形印面，边缘饰几何线条，白文，印文为『日利』。

『日利』『牟忘』铜印

汉

印面1.1×1.1厘米，通高0.4厘米

旧藏

铜质。双面穿带印，方形印面，白文，印文为『日利』『牟忘』。

『伏波将军章』铜印

三国

印面 2.7×2.7 厘米，通高 3 厘米

旧藏

铜质。龟钮，方形印面，白文，印文为『伏波将军章』。伏波将军，武官名，汉置，掌征伐。

『虎威将军章』铜印

三国

印面 2.5×2.5 厘米，通高 2.3 厘米

1959 年征集

铜质。兽形钮，方形印面，白文，印文为『虎威将军章』。虎威将军，武官名，东汉末年置，掌征伐。

『虎步司马』铜印

三国

印面 2.5×2.5 厘米，通高 2.5 厘米

1959 年征集

铜质。龟钮，方形印面，白文，印文为『虎步司马』。

《三国志·蜀书·姜维传》有『须先教中虎步兵五六千人』的记载，蜀军中并置有虎步营。

『巧工司马』铜印

三国

印面 2.4×2.4 厘米，通高 2 厘米

旧藏

铜质。瓦钮，方形印面，白文，印文为『巧工司马』。

巧工司马，职官名，初置于三国，主造作之官，掌军用器械的管理、铸造、维修等事务。

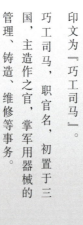

『将兵都尉』铜印

魏晋

印面2×2厘米，通高2.3厘米

旧藏

铜质。龟钮，方形印面，白文，印文为『将兵都尉』。

将兵都尉，武官吏，掌领兵，三国魏蜀吴均有置。《通典·魏官》载：『将兵都尉属第五品。』

『白马令印』铜印

三国

印面2.6×2.6厘米，通高1.8厘米

旧藏

铜质。瓦钮，方形印面，白文，印文为『白马令印』。

『常乐』铜印

北朝

印面 2.9×2.4 厘米，通高 1.9 厘米

20 世纪 30 年代常赞春先生捐献

铜质。瓦钮，长方形印面，朱文，印文为『常乐』。

1923年，常赞春用吴大澂泰山摩崖诸篆刻拓本，从奉天（今辽宁沈阳市）曾望生处交换而得此印，经天津穆寿山审定，谓是六朝古物。又因印文内容如同常家吉语，常赞春为此赋诗曰：『朅来惠我古铜章，长乐文偏首假常。岳色河声漫矜诩，吾家乐事胜莲洋。』（常赞春《柞閒吟庵金石谈》）

『听子马第四指挥第五都朱记』铜印

宋熙宁十年（1077 年）

印面 5×5 厘米，通高 5 厘米

旧藏

铜质。板状钮，钮上刻『上』字，方形印面，朱文，叠篆体『听子马第四指挥第五都朱记』，背楷书『熙宁十年少府监铸』。

『听子马』为北宋禁卫军的编制之一。仁宗康定年初，增募禁军：『京畿近郡亦增募龙骑、广勇、广捷、虎翼、步斗、步武，复升河北招收、无敌、听子马……皆为禁兵，盖内外马步凡增数百营。』『第四』为指挥的编号，『都』为北宋禁卫军中的基层军事编制单位。

熙寧十年
少府監鑄

『北极驱邪院印』铜印

宋

印面 5.4×5.3 厘米，通高 2 厘米

1962 年兰州市征集

铜质。板状钮，印面呈方形，朱文，叠篆体『北极驱邪院印』。该印是古代道教使用的法器之一。

『北极驱邪院』由南宋道士白玉蟾提出。宋代设有枢密院，主官为知枢密院事，白玉蟾仿照宋代官府，虚构了一个北极驱邪院，自称知北极驱邪院事。

『北极驱邪院印』铜印

宋

印面5.6×5.6厘米，通高3厘米

旧藏

铜质。板状钮，钮上刻『上』字，方形印面，朱文，叠篆体『北极驱邪院印』，背楷书『北极驱邪院印』。

『秉教加持之印』铜印

宋

印面6.4×6.4厘米，通高4厘米

旧藏

铜质。柱钮，方形印面，朱文，叠篆体『秉教加持之印』。

『秉教加持』，又作『秉教迦持』『秉教伽持』，意为『秉承兹教而具加持保佑之功效』，多由教派掌门人以宗教法印的形式加盖于宗教文本之上，类似符咒，印文即是对其法力效用的说明。

『赵瑗』铜印

宋

印面 1.8×1.8 厘米，通高 2.5 厘米

旧藏

铜质。高鼻钮，方形印面，朱文，印文为『赵瑗』。

『陆遇』铜印

宋

印面 1.9×1.9 厘米，通高 1.9 厘米

旧藏

铜质。瓦钮，方形印面，白文，印文为『陆遇』。

『垂』铜印

宋

印面 2.3×2.3 厘米，通高 1.2 厘米

1963 年太原市征集

铜质。高鼻钮，印面呈正八边形，朱文，印文为『垂』。

『聂敬璋』铜印

宋

印面 2.8×2.8 厘米，通高 1.2 厘米

旧藏

铜质。鼻钮，方形印面，朱文，印文为『聂敬璋』。

『谨封』铁印

宋

印面3.3×3.3厘米，通高1.3厘米

旧藏

铁质。尖状鼻钮，方形印面，朱文，叠篆体『谨封』。

『总领提控之印』铜印

金

印面8×8厘米，通高5厘米

旧藏

铜质。板状钮，钮上刻『上』字，方形印面，朱文，叠篆体『总领提控之印』。

金代在文武官职中皆设有提控官职，是属于提辖控制总领之官吏。《金史》记载，猛安之上置军帅，军帅之上置万户，万户之上置都统，『四万户为一副统，两副统为一都统，外设一总领提控』。

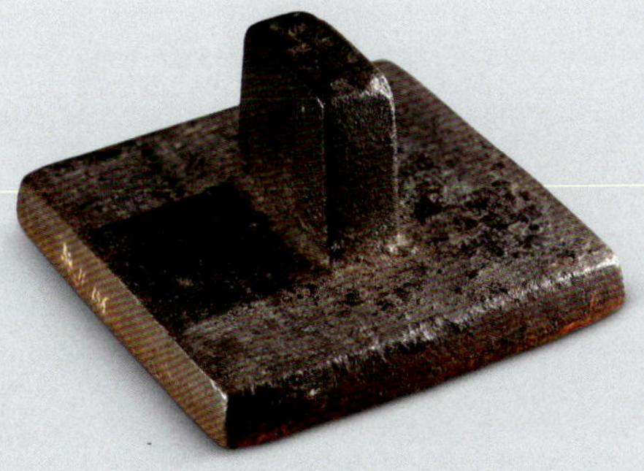

『总领提控之印』铜印

金

印面 7×6.9 厘米，通高 4.3 厘米

旧藏

铜质。板状钮，钮上刻『上』字，方形印面，朱文，叠篆体『总领提控之印』，背楷书『总领提控印』。

『都统之印』铜印

金

印面 7.8×7.8 厘米，通高 5 厘米

1965 年宁武县文化局移交

铜质。板状钮，钮上刻『上』字，方形印面，朱文，叠篆体『都统之印』，边刻楷书『都统之印，都元帅府造，□□年六月』。

都统，金代武官名，始置于天辅五年（1121年），属正三品。《金史》记载，猛安之上置军帅，军帅之上置万户，万户之上置都统。都元帅府，金国最高军事机构，天会三年（1125年）始置。

『行军都统之印』铜印

金

印面7×7厘米，通高4.6厘米

旧藏

铜质。板状钮，钮上刻『上』字，方形印面，朱文，叠篆体『行军都统之印』。

行军，为出征作战之意。行军都统，即金朝为对战争所组建军队的高级统帅，下辖有『行军万户』『行军猛安』等。

『元帅左监军印』铜印

金

印面 9.8×9.8 厘米，通高 5.2 厘米

旧藏

铜质。板状钮，方形印面，朱文，叠篆体『元帅左监军印』。

元帅左监军，金代职官名，掌出兵征战监军之事。金太宗天会三年（1125年）设元帅府，《金史·兵志》载：『太宗天会元年，以袭辽主所立西南都统府为西南、西北两路都统府。三年，以伐宋更为元帅府，置元帅及左右副，及左右监军、左右都监。』

『晋州军辖司印』铜印

金

印面6.8×6.6厘米，通高3.9厘米

1985年太原电解铜厂拣选

铜质。板状钮，印面呈方形，朱文，叠篆体『晋州军辖司印』。『晋州。兴定四年正月以寿阳县西张寨置。』（《金史·地理志》）属河东北路，在今山西省寿阳县西北。军辖，金朝军事职官名。金国各州设置军辖官，为防御使和刺史的属官，『兼巡捕使，从九品』。

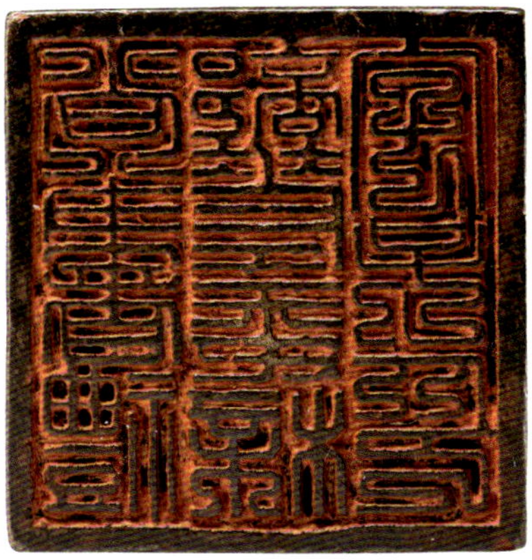

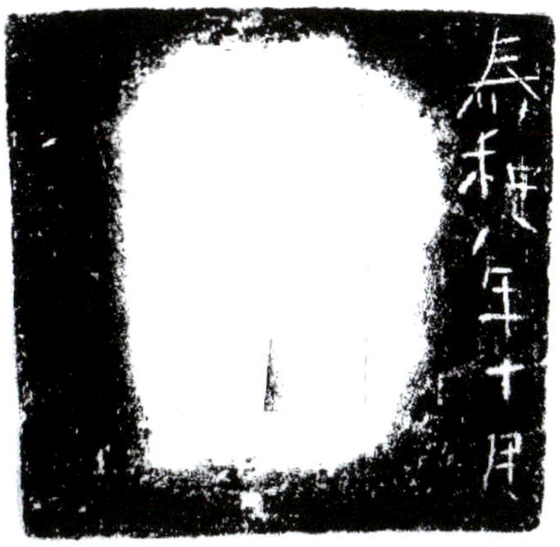

『尚书礼部差委梓字号印』铜印

金泰和八年（1208年）

印面5.3×5.3厘米，通高5厘米

1978年太原电解铜厂征集

铜质。板状钮，钮顶端刻『上』字，方形印面，朱文，叠篆体『尚书礼部差委梓字号印』，背面楷书『泰和八年十月』，侧边楷书『尚书礼部差委梓字号印』。

尚书，官署名，下设吏、户、礼、兵、刑、工六部，金亦置之。差委，临时派遣之官员。『梓』，千字文编号顺序。编号制度是金代官印一个显著的特点，尤其是用『千字文』的编号方式，避免了因官印太多而易混乱的情形。

『经略使印』铜印

金正大三年（1226年）

印面7×7厘米，通高4.1厘米

旧藏

铜质。板状钮，钮顶端刻『上』字，方形印面，朱文，叠篆体『经略使印』，背面楷书『经略使，正大三年九月□日，恒山公府造』。

经略使初置于唐朝。唐代经略使多由节度使兼领，权倾边镇。宋、辽、金依唐制，在边地设置有经略使司、经略使、经略安抚司等，兼揽边镇的军政大权。恒山公，即武仙，金末名将，兴定四年（1220年）任知真定府事，兼经略使，权元帅右都监，封恒山公；盛昌元年（1234年）金亡，被杀。

經略使
S.1847

『经略使司之印』铜印

金

印面 7.6×7.6 厘米，通高 6.4 厘米

1949 年黎城县城墙根发掘

铜质。板状钮，方形印面，朱文，叠篆体『经略使司之印』。经略使司与经略使是金末为应对蒙古南下而设置的临时机构和官职。此类官印多出土于东北地区，在山西地区则不多见。

『才字都统所印』铜印

金正大三年（1226年）
印面6.8×6.8厘米，通高5.1厘米
旧藏

铜质。板状钮，钮顶端刻『上』字，方形印面，朱文，叠篆体『才字都统所印』，背面楷书『正大三年三月』，侧边楷书『才字都统所印』。『才』为千字文编号顺序。

金代官印开创了千字文编号的制度，有编号的官印主要颁发于金末，又以军官和军事机构的官印占多数，这和金末政局混乱、战事纷繁有着直接的关系。

正大三年三月

『都统李字之印』铜印

金正大八年（1231年）

印面6.4×6.4厘米，通高4.6厘米

旧藏

铜质。板状钮，钮顶端刻『上』字，方形印面，朱文，叠篆体『都统李字之印』，背面楷书『正大八年正月恒山公帅府造』，侧边楷书『都统李字之印』，『李』为千字文编号顺序。

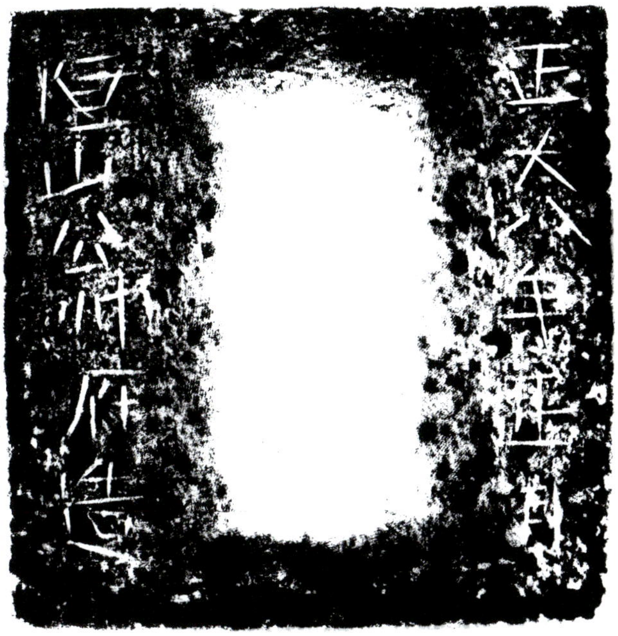

『义军都统之印』铜印

金天兴元年（1232年）

印面7×7厘米，通高3.8厘米

1981年太原电解铜厂征集

铜质。板状钮，钮顶端刻『上』字，方形印面，朱文，叠篆体『义军都统之印』，背面楷书『天兴元年行部造』。金代义军创建于贞祐年间，在蒙古铁骑的持续打击下，『义军』很快就被纳入金朝的武装体系，并成为抗蒙的主力。

『石郡节度使印』铜印

金

印面9.2×9.2厘米，通高5.3厘米

1986年离石县征集

铜质。板状钮，钮顶端刻『上』字，方形印面，朱文，叠篆体『石郡节度使印』，背面楷书『石州行尚书六部造，壬午年十月一日』。

石州，旧称昌化郡，在北宋属河东路，天会四年（1126年）纳入金朝版图。节度使，地方高级军政长官，唐始置，金代亦设之。《金史·百官·诸节镇》：『节度使一员，从三品，掌镇抚诸军防刺，总判本镇兵马之事，兼本州管内观察使事。其观察使所掌，并同府尹兼军州事管内观察使。』

『河东北路转运使印』铜印

金

印面6.8×6.8厘米，通高5.3厘米

旧藏

铜质。板状钮，钮顶端刻『上』字，方形印面，朱文，叠篆体『河东北路转运使印』。

北宋至道三年（997年）置河东路，金天会六年（1128年）分南、北两路，北路治太原府，辖境约当今山西长城以南中阳、灵石、太谷、昔阳等县以北及陕西吴堡、佳县、神木等地。转运使，唐始置，金朝亦设，正三品，掌税赋钱谷、仓库出纳、权衡度量之制。

『平阳公府经历司之印』铜印

金

印面 7.3×7.3 厘米，通高 4.6 厘米

1964 年太原冶炼厂拣选

铜质。板状钮，方形印面，朱文，叠篆体『平阳公府经历司之印』。

金代有两任平阳公，即胡天作与史咏，受封于金代末期。经历司，官署名，始于金代，在枢密院、都元帅府设经历之官。《金史·百官志》：『都元帅府设有知事、经历各一员，为同级，正七品，掌征讨之事，为元帅府的属官。在枢密院设经历司一员，从五品。』知事官为七品至八品，经历为五品至七品，经历司是经历官员的衙署。

金末宣宗为抵抗蒙古军，收复失地，在河北、河东等地区分封九公，设置公府，公府下设经历司。

『武州之印』铜印

元至元十二年（1275 年）
印面 7×7 厘米，通高 6.3 厘米
1980 年太原电解铜厂征集

铜质。板状钮，钮顶端刻『上』字，方形印面，朱文，叠篆体『武州之印』，背面楷书『武州之印，中书□□造，至元十二年六月□日』。

武州，元代属河东山西道大同路，治地在今山西五寨县北。《元史·地理志》：『武州，唐隶定襄、马邑二郡。辽置武州宣威军。元至元二年，割宁边州之半来属。旧领宁边一县及司候司，四年省入州。』

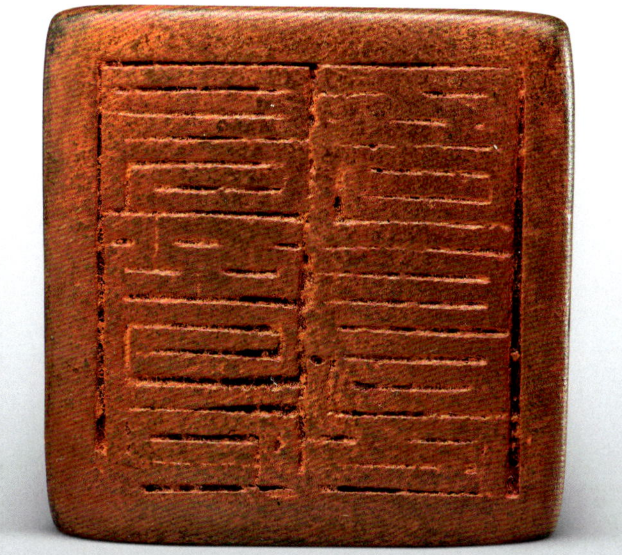

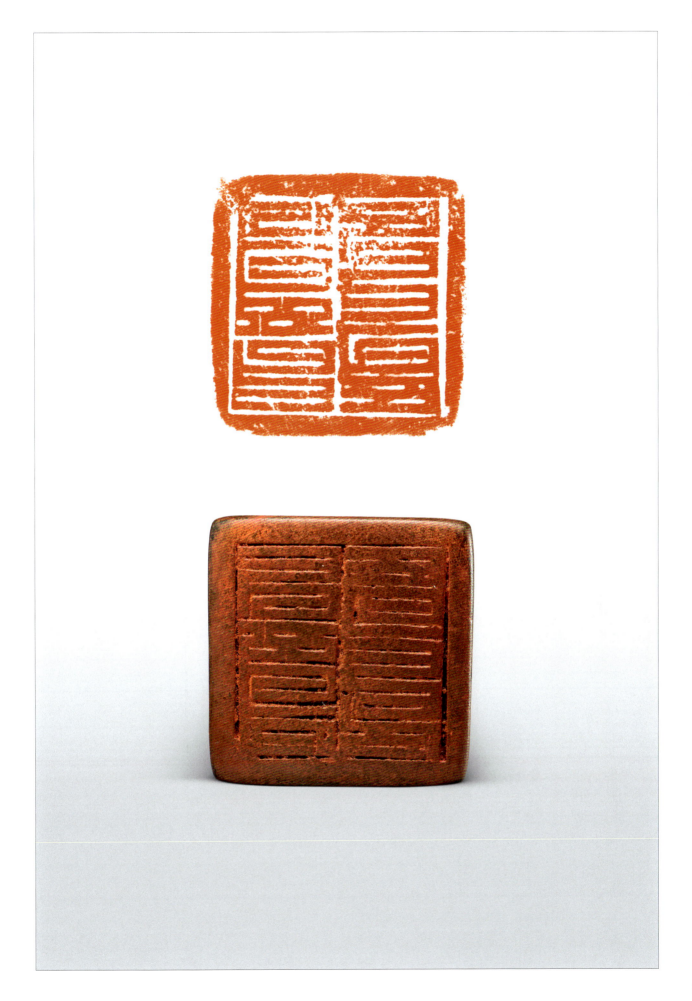

铜印记

元

印面 5.1×5.1 厘米，通高 1 厘米

1958 年太原市征集

铜质。尖状鼻钮，印记的纹样以十字为主干加以变化，为景教在中国流传过程中使用的印记。

景教传入中国虽早，在元代才获得较大的发展，这类印记的铸造工艺、钮式都存元代风格，说明它们是景教传入中国以后制作的。

『虞』铜押印

元

印面2.2×2厘米，通高0.6厘米

旧藏

铜质。鼻钮，长方形印面，朱文，印文为『虞』字。

『十万大王』铜印记

元

印面2.7×2.3厘米，通高1.2厘米

旧藏

铜质。尖状鼻钮，印记内容『十万大王』，为景教在中国流传过程中使用的印记。

『徐』铜押印

元

印面 2.1×1.8 厘米，通高 3.9 厘米

1981 年太原市征集

铜质。兽形钮，长方形印面，朱文，印文为『徐』字。

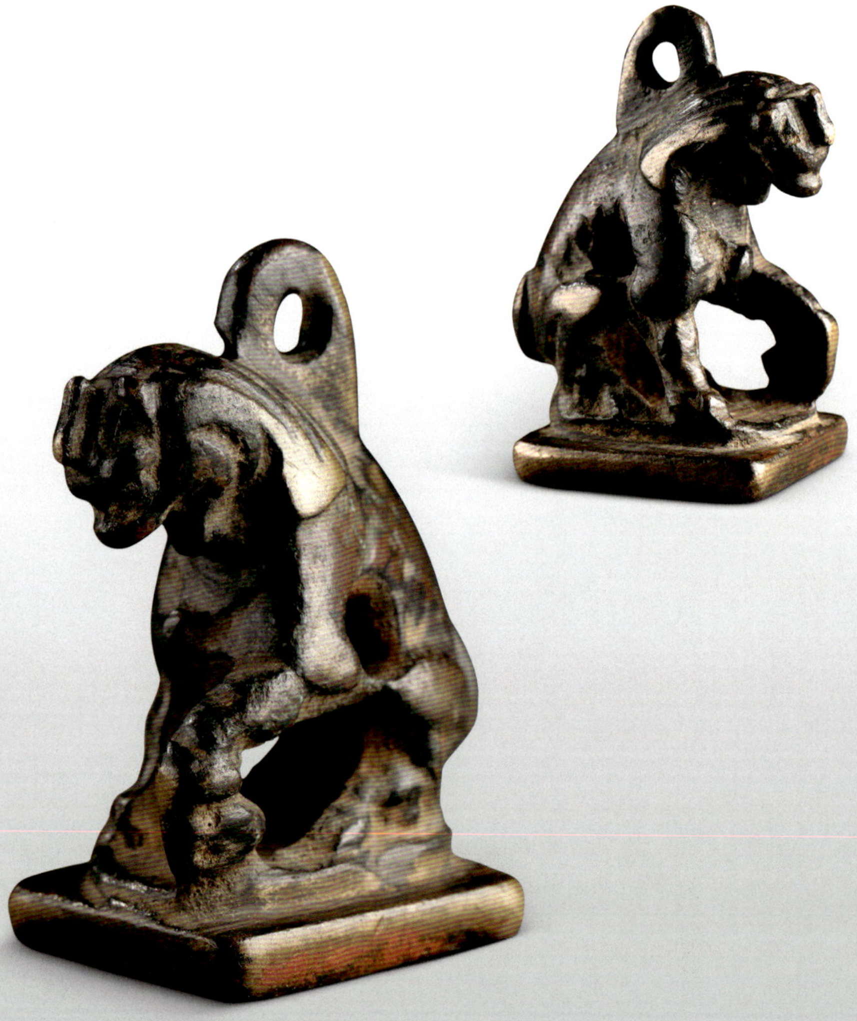

『何记』铜押印

元

印面 2.2×1.5 厘米，通高 1.9 厘米

旧藏

铜质。高鼻钮，长方形印面，朱文，印文为『何记』。

『李』铜押印

元

印面 3.2×2.5 厘米，通高 1.3 厘米

旧藏

铜质。尖状鼻钮，长方形印面，朱文，印文为『李』字。

『郭』铜押印

元

印面 2.7×1.4 厘米，通高 1.9 厘米

1963 年太原市征集

铜质。高鼻钮，长方形印面，朱文，印文为『郭』。

『蔡』铜押印

元

印面 2.9×1.7 厘米，通高 1.3 厘米

旧藏

铜质。鼻钮，长方形印面，朱文，印文为『蔡』。

『樊』铜押印

元

印面 2.9×1.6 厘米，通高 1.6 厘米

旧藏

铜质。尖状鼻钮，长方形印面，朱文，印文为『樊』。

『曾』铜押印

元

印面 2.1×1.2 厘米，通高 1.9 厘米

旧藏

铜质。高鼻钮，长方形印面，朱文，印文为『曾』。

『杨』铜押印

元

印面 2.9×1.4 厘米，通高 1.3 厘米

旧藏

铜质。高鼻钮，长方形印面，朱文，印文为『杨』。

『堂』铜押印

元

印面2.4×1.4厘米，通高1.3厘米

旧藏

铜质。高鼻钮，长方形印面，朱文，印文为『堂』。

『韩』铜押印

元

印面2.6×1.4厘米，通高1.4厘米

旧藏

铜质。高鼻钮，长方形印面，朱文，印文为『韩』。

『陈』铜押印

元

印面2.5×1.5厘米，通高1.6厘米

旧藏

铜质。高鼻钮，长方形印面，朱文，印文为『陈』。

『冯』铜押印

元

印面2.7×1.4厘米，通高2.1厘米

旧藏

铜质。高鼻钮，长方形印面，朱文，印文为『冯』。

『鹿』铜押印

元

印面 3×1.5 厘米，通高 1 厘米

旧藏

铜质。鼻钮，长方形印面，朱文，印文为『鹿』字。

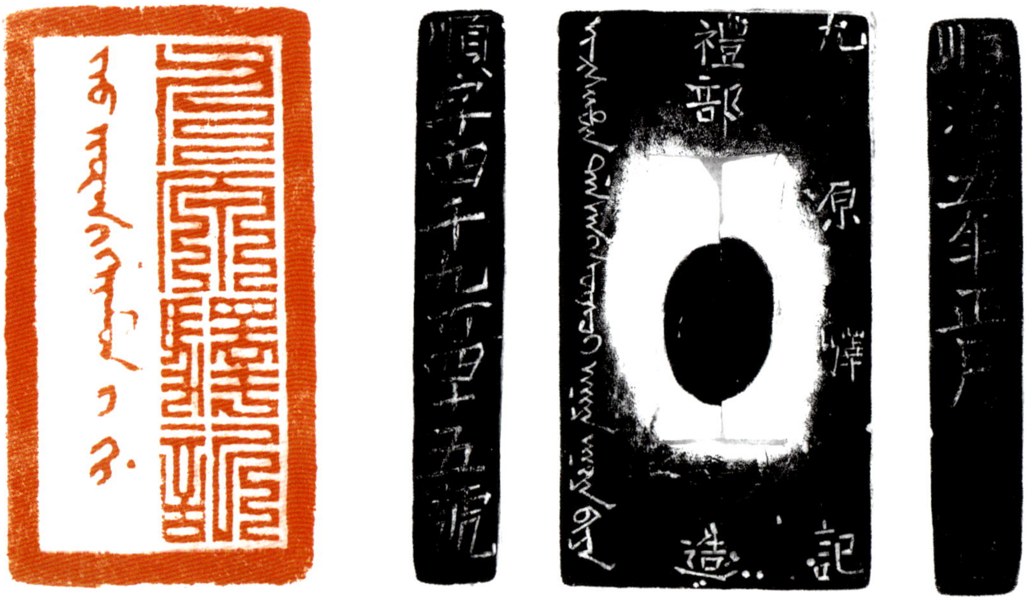

『九原驿记』铜印

清顺治五年（1648年）

印面7.6×4.4厘米，通高8.5厘米

旧藏

铜铸。柱钮，长方形印面，朱文，满、汉文篆书『九原驿记』，印背铸刻满、汉文两种文字『九原驿记，礼部造』，侧边楷书刻款『顺治五年正月，顺字四千九百四十五号』。

九原驿，山西境内的重要驿站，在今忻州市北。元代置为九原站，明代改为九原驿，清代沿袭。

九原驛記
禮部造

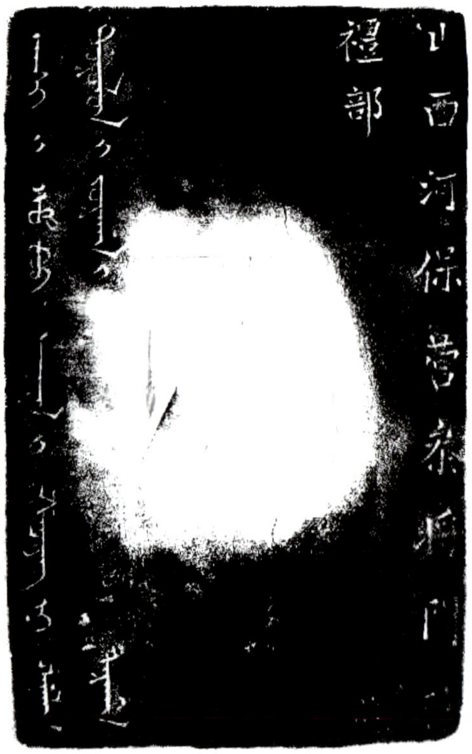

『山西河保营参将关防』铜印

清乾隆十四年（1749年）

印面9.7×6.1厘米，通高12厘米

旧藏

铜铸。柱钮，长方形印面，朱文，满、汉文篆书『山西河保营参将关防』，印背铸刻满、汉文两种文字『山西河保营参将关防，礼部造』，侧边楷书刻款『乾隆十四年八月，乾字二千一百九十七号』。

河保营，今山西省河曲县城，明宣德四年（1429年）置，成化年间又置恒羡仓于此，设守备。后改驻参将。在清代归属大同镇绿营驻防体系，承担着『西北用兵』的重要职能。

山西河保营参将
禮部

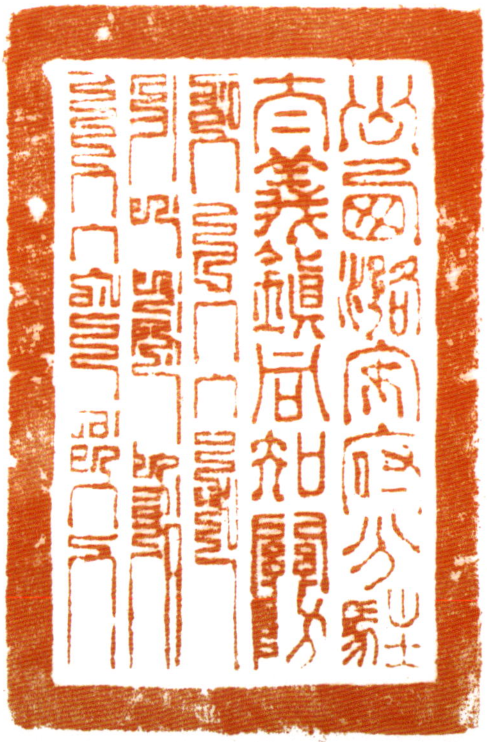

『山西潞安府分驻太义镇同知关防』铜印

清乾隆二十八年（1763年）

印面9.2×6.2厘米，通高12厘米

旧藏

铜铸。柱钮，长方形印面，朱文，满、汉文篆书『山西潞安府分驻太义镇同知关防』，印背铸刻满、汉文两种文字『山西潞安府分驻太义镇同知关防，礼部造』，侧边楷书刻款『乾隆二十八年十月，乾字一万二千七百七十一』。

潞安府，明嘉靖八年（1529年）改潞州所置，清初沿明制，治八县，太义镇属长治县，乾隆二十七年（1762年）分防同知驻此，辅佐知府掌事。

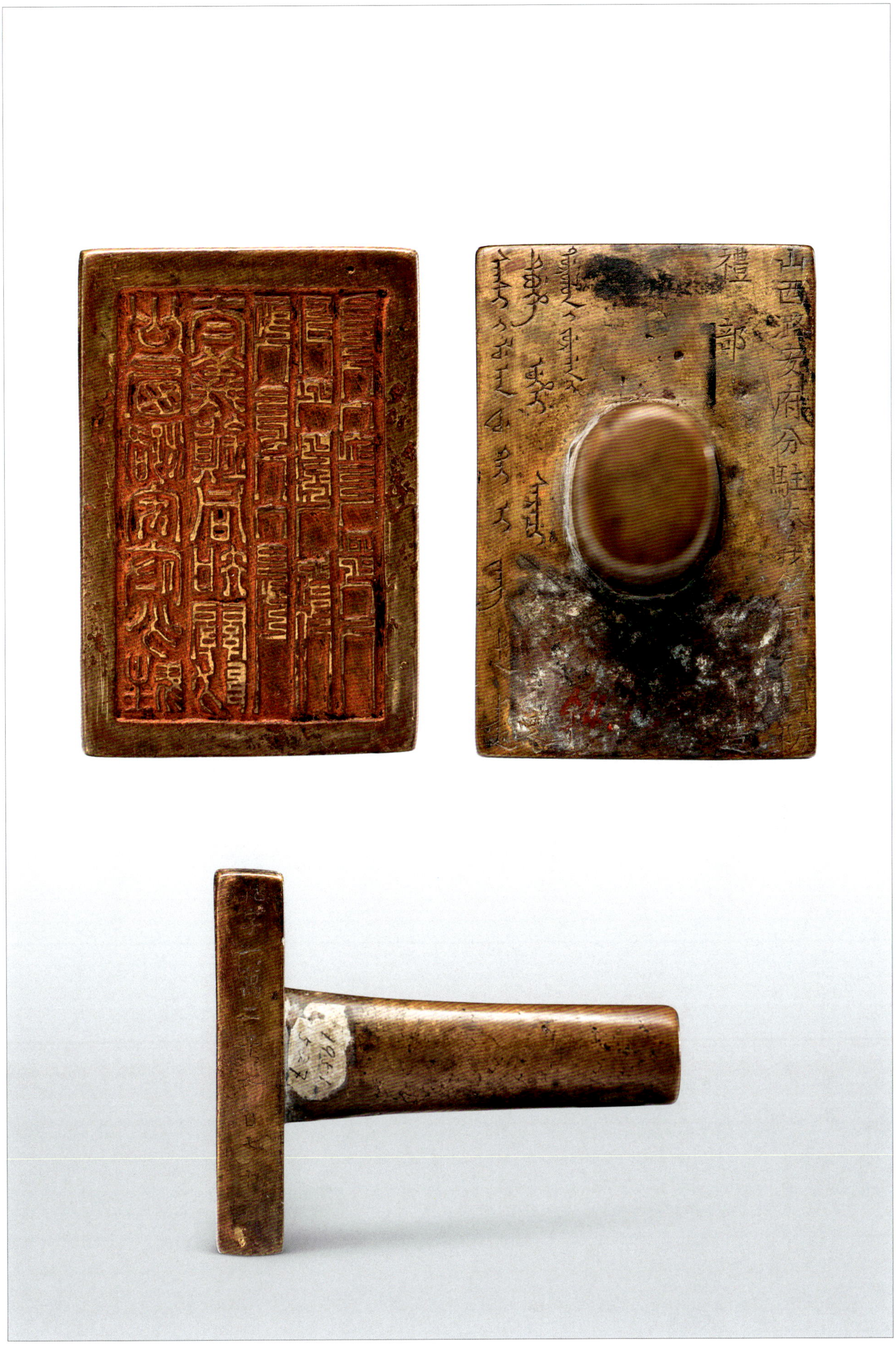

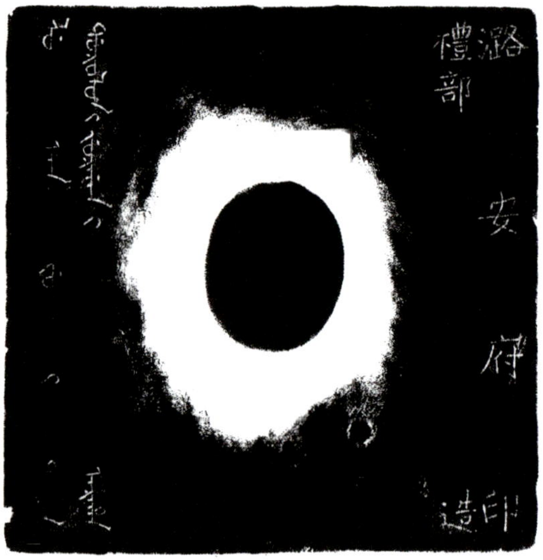

『潞安府印』铜印

清咸丰七年（1857年）

印面8×8厘米，通高11.6厘米

旧藏

铜铸。柱钮，方形印面，朱文，满、汉文篆书『潞安府印』，印背铸刻满、汉文两种文字『潞安府印，礼部造』，侧边楷书刻款『咸丰七年七月，字三百二十四号』。

潞安府，明嘉靖八年（1529年）改潞州所置，清初沿明制，治长治，长子、屯留、襄垣、潞城、壶关、黎城、平顺八县，乾隆二十九年（1764年）省平顺，分入潞城、壶关、黎城，余七县，1912年废。

『吴琠之印』水晶石印

清

印面3.3×3.3厘米，通高6.4厘米

旧藏

水晶石质。兽钮，方形印面，白文，印文为『吴琠之印』。

吴琠（1637~1705年），字伯美，号铜川，山西沁州（今长治市沁县）人，顺治十六年（1659年）进士，历任兵部侍郎、湖广总督、刑部尚书、保和殿大学士等职，后拜相入阁，是清初著名的大臣。

『侨黄』寿山石印

清

印面3.3×3.3厘米，通高3.9厘米

20世纪30年代常赞春先生捐献

寿山石质。无钮，素面，方形印面，朱文，印文为『侨黄』，行书边款『家在阳曲河西里』。

『侨黄』即傅山（1607~1684年），是清初著名的学者、书画家、思想家等。其不仅在诗文、书画、音韵、医学等诸多领域有所建树，在篆刻艺术方面亦卓有成就。

『常乐』水晶石印

清

印面 1.9×2.4 厘米，通高 3.3 厘米

20 世纪 30 年代常赞春先生捐献

水晶石质。晶莹透明，长方形印面，白文，印文为『常乐』。此印极为古雅，为常赞春珍藏之物。经民国天津穆寿山审定，应出自名家之手。

『韵士之印』铜印

清

印面1.9×1.9厘米，通高1.9厘米

旧藏

铜质。桥钮，方形印面，白文，印文为『韵士之印』。

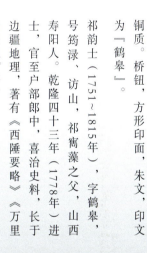

『鹤皋』铜印

清

印面1.9×1.9厘米，通高1.9厘米

旧藏

铜质。桥钮，方形印面，朱文，印文为『鹤皋』。

祁韵士（1751~1815年），字鹤皋，号筠渌、访山，祁寯藻之父，山西寿阳人。乾隆四十三年（1778年）进士，官至户部郎中，喜治史料，长于边疆地理，著有《西陲要略》《万里行程记》等。

『长留天地间』田黄石印

清

印面 4.2×2.1 厘米，通高 4.9 厘米

1961 年北京庆云堂征集

田黄石质。细腻温润，赑屃钮，薄意卷草，椭圆形印面，朱文，印文为『长留天地间』。

印文语出唐代杜甫《送孔巢父谢病归游江东兼呈李白》『诗卷长留天地间，钓竿欲拂珊瑚树』诗句。

『赤臣』寿山石印

清

印面 3×3 厘米，通高 7.6 厘米

1961 年北京庆云堂征集

寿山石质。子母狮钮，方形印面，白文，印文为『赤臣』。

清代诗人张炜，字赤臣，号彤叔、石痴山人，临汾人，有《赤臣诗存》存世。此印或与张炜有关，还待进一步证实。

『半潭秋水一房山』寿山石印

清

印面 3×3 厘米，通高 6.95 厘米

1961 年北京庆云堂征集

寿山石质。狮钮，方形印面，朱文，印文为『半潭秋水一房山』。

印文语出唐代李洞《山居喜友人见访》『看待诗人无别物，半潭秋水一房山』诗句。

『家在苕溪山水间』寿山石印

清

印面 2.9×1.8 厘米，通高 3.1 厘米

1961 年北京庆云堂征集

寿山石质。细腻润泽，无钮，素面，长方形印面，朱文，印文为『家在苕溪山水间』。

此印曾经民国张絅伯收藏，其在印盒外题记曰：『家在苕溪山水间。董小池镌。』董小池（1740~1812年），名洵，字企泉，号小池，浙江绍兴人，清代中期著名的篆刻家。

杜世柏刻『浴鹅仙馆』田黄石印

清

印面3×3厘米，通高7厘米

1961年北京庆云堂征集

田黄石质。狮钮，方形印面，朱文，印文为『浴鹅仙馆』，楷书边款『葭轩』。

葭轩，即杜世柏。杜世柏，字参云，号葭轩，清代乾嘉时期嘉定（今上海市）人，嗜篆刻，直逼秦汉，有《葭轩印品》等传世。

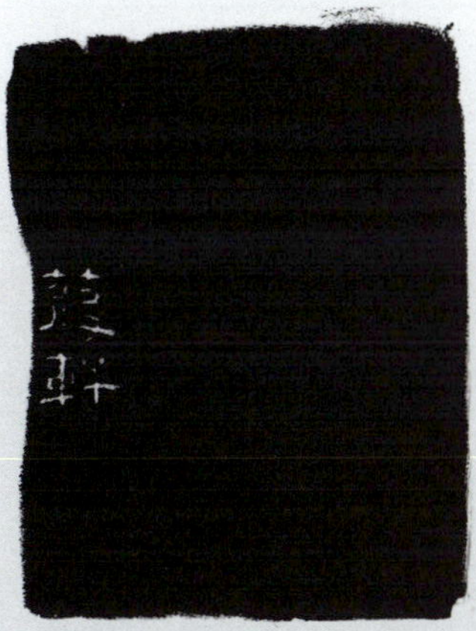

钱开壹刻『动而得谤名亦随之』青田石印

清

印面 2.3×2.3 厘米，通高 4.6 厘米

1961 年北京庆云堂征集

青田石质。方形印面，朱文，印文为『动而得谤，名亦随之』，语出唐代韩愈《进学解》；楷书边款『拟汉碑⿰鬲曷法，潜园主人清赏，钱开壹并记』。

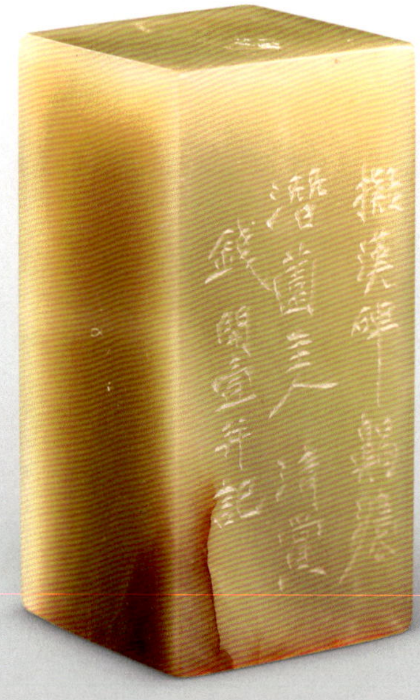

赵之琛刻『佛度有缘人』青田石印

清

印面 2.7×2.7 厘米，通高 5.3 厘米

1961 年北京庆云堂征集

青田石质。方形印面，白文，印文为『佛度有缘人』，行书边款『拟汉铸印，次闲』『甲辰午日寿岑为希老改作于石渚之寿柏斋，铁珊同观，殊为欣赏』。

赵之琛（1781~1860年），字次闲，号献父，浙江杭州人。嗜金石之学，精于篆刻，为陈豫钟弟子，集浙派之大成，为西泠八家之一。

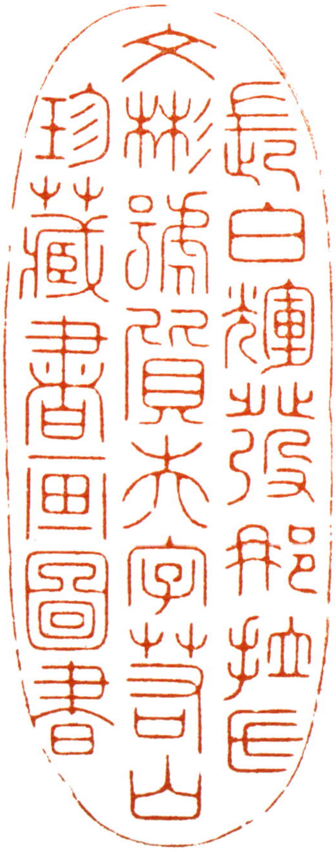

『长白辉发那拉氏文彬号质夫字若山珍藏书画图书』寿山石印

清

印面12.3×5厘米，通高9厘米

1962年北京韵古斋征集

寿山石质。薄意荷花，椭圆形印面，朱文，印文为『长白辉发那拉氏文彬号质夫字若山珍藏书画图书』。

文彬（1825~1880年），字若山，号质夫，辉发那拉氏，满洲正白旗人，咸丰二年（1852年）进士，历任山东沂州知府、布政使等职。

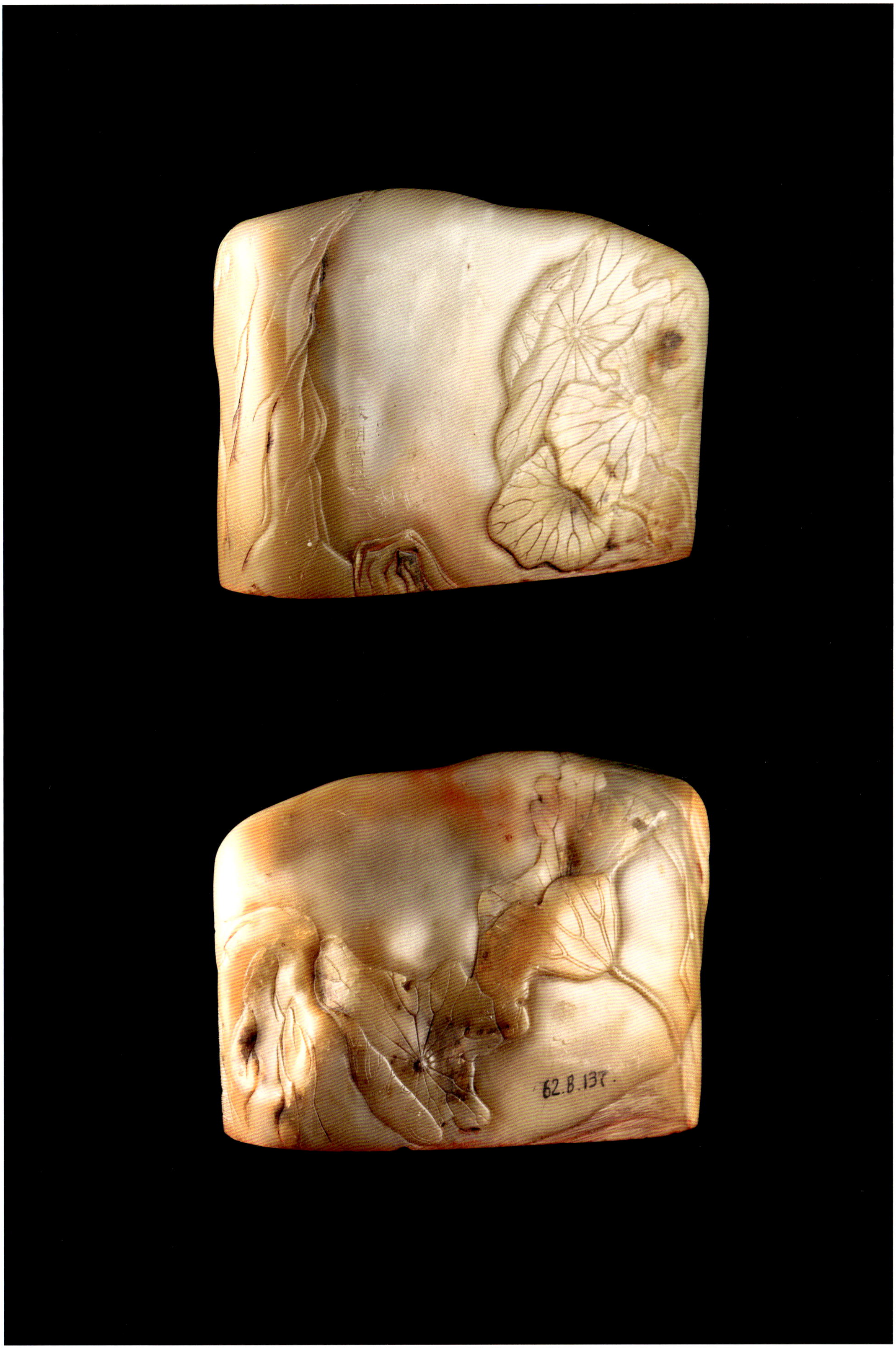
62.B.137.

濮森刻『载德堂』寿山石印

清

印面4.8×3厘米，通高7.2厘米

1961年北京庆云堂征集

寿山石质。随形钮，薄意山水人物，方形印面，朱文，印文为『载德堂』，楷书边款『濮森作』。濮森（1827年~？），字又栩，钱塘（今浙江杭州）人，晚清著名篆刻家，宗法浙派，秀逸有致，辑有《又栩印草》。载德，积德也。另有宋代杨文昺、元代裴行素、明代毛晋、清代汪文柏等人皆以『载德堂』为室名。

濮森刻『稽山小牧』寿山石印

清

印面3.5×3.5厘米，通高5.6厘米

1961年北京庆云堂征集

寿山石质。子母狮钮，体态生动，刻画细腻，方形印面，白文，印文为『稽山小牧』，边款『又栩刻』。

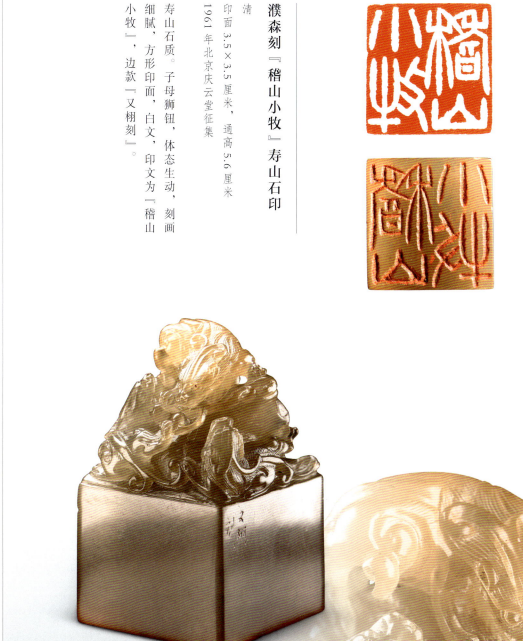

『借园主人』田黄石印

清

印面 2.4×2.4 厘米，通高 3.55 厘米

1961 年北京特种工艺商品部征集

田黄石质。狮钮，方形印面，白文，印文为『借园主人』。

『秋窗外史』田黄石印

清

印面 2.6×2.6 厘米，通高 3.4 厘米

1961 年北京特种工艺商品部征集

田黄石质。狮钮，方形印面，朱文，印文为『秋窗外史』。

『率真』寿山石印

清

印面 3.5×1.7 厘米，通高 4 厘米

1961 年北京庆云堂征集

寿山石质。光滑洁润，貔貅钮，长方形印面，白文，印文为『率真』，曾为民国张絅伯收藏。

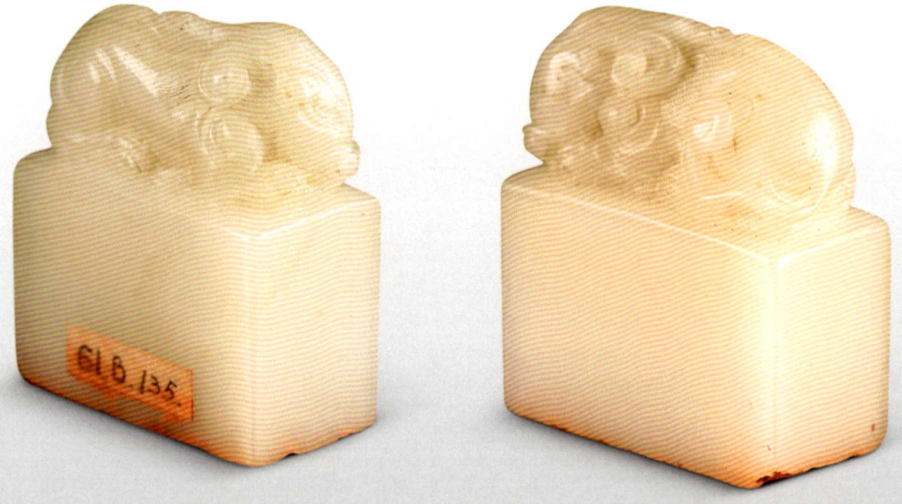

『旧居罨画溪头』寿山石印

清

印面 3.3×3.3 厘米，通高 4.9 厘米

1961 年北京庆云堂征集

寿山石质。狮钮，方形印面，白文，印文为『旧居罨画溪头』，楷书边款『□□□制于湘华馆』。

罨画溪，流经浙江长兴县、江苏宜兴县一带，罨画之名唐代即有之，陆希声《颐山录》：『颐山之前百余步，众水合而东流，岸多朱藤花，花水相映，俗呼为罨画溪。』

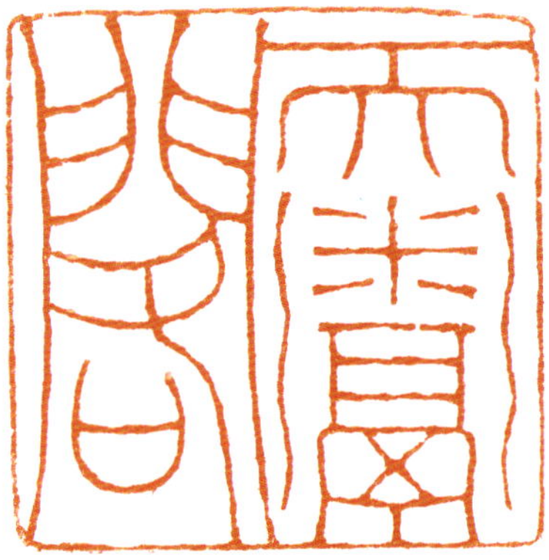

『天鬻阁』寿山石印

清

印面5×5厘米，通高9.5厘米

1962年北京宝聚斋征集

寿山石质。子母狮钮，方形印面，朱文，印文为『天鬻阁』。

『一笠叟』玉印

清

印面 2.1×2.1 厘米，通高 2.2 厘米

旧藏

玉质。瓦钮，方形印面，白文，印文为『一笠叟』。

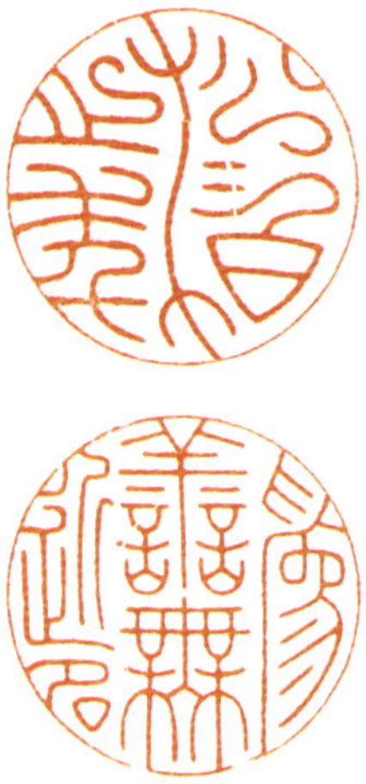

『松柏之年』『为善无近名』象牙印

清

印面径 2.8 厘米，通高 1.4 厘米

旧藏

象牙质。圆形印面，朱文，印文为『松柏之年』『为善无近名』，楷书边款：『其形圆，其质坚，花乳缪篆，劲铁雕镌，其文维何，「松柏之年」「怡情养性」「吾真以全」「为善无近名」，更服膺而拳拳。丁卯夏湘舟自铭。』

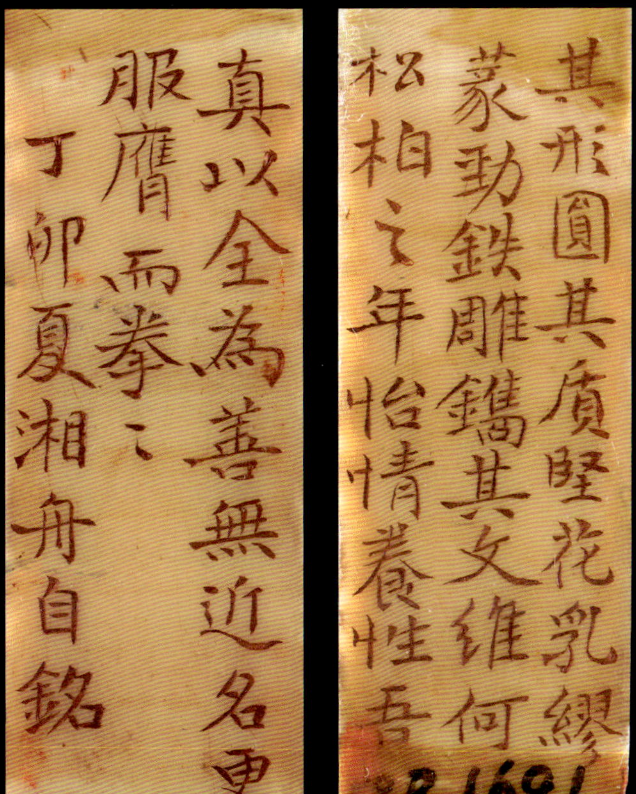
其形圓其質堅花乳繆
篆勁鉄雕鐫其文維何
松柏之年怡情養性吾
真以全為善無近名更
服膺而拳拳
丁卯夏湘舟自銘
B.1691

『学书』寿山石印

清

印面 2×2 厘米，通高 5.5 厘米

旧藏

寿山石质。方形印面，朱文，印文为『学书』，内容为明代王阳明读书十八则之一；行书边款：『心手俱娴。瑶章璀璨，妙处故在天然，子□亦字画，篆刻为友，多似以不经意得之，非不经意也。此十八则古句，特并篆作，时戊子徵仲制。』此印为文徵明款，曾经民国太谷赵氏家族珍藏，赵铁山之子赵子言曾拓印，辑录于《赵氏藏印》。

心手俱閑

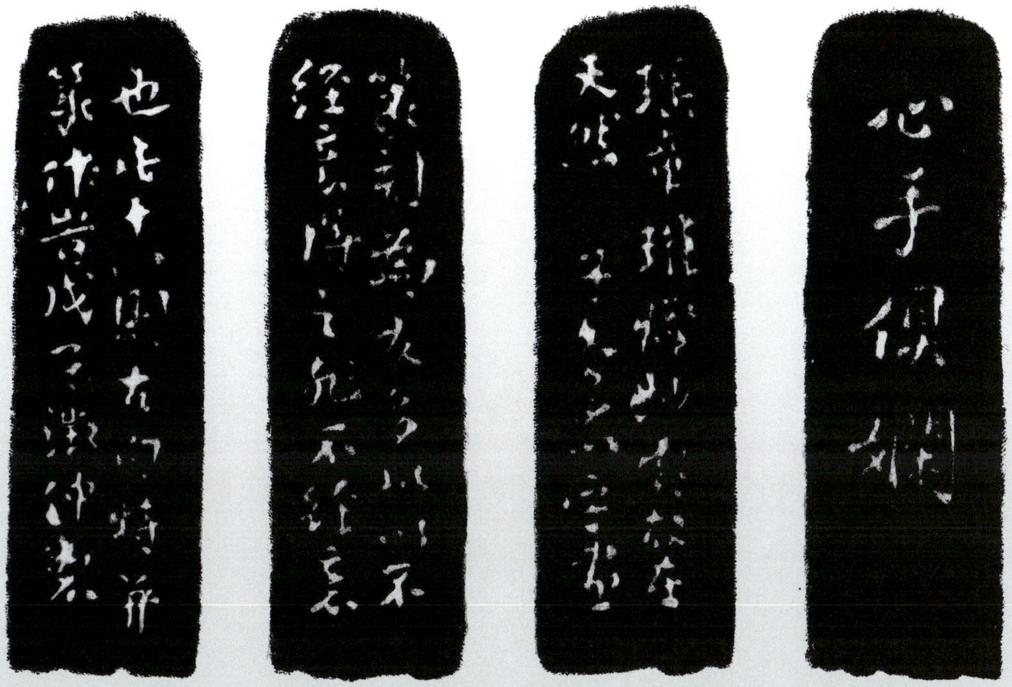
心手俱閑

『少出街』青田石印

清

印面径3厘米，通高3.6厘米

旧藏

青田石质。作圆形印面，朱文，印文为『少出街』，内容为明代王阳明读书十八则之一；行书边款『以杜纷嚣』。

此印曾为民国太谷赵氏家族珍藏，赵铁山之子赵子言曾拓印，辑录于《赵氏藏印》。

『晤对知友』寿山石印

清

印面 2.7×2.7 厘米，通高 4.5 厘米

旧藏

寿山石质。方形印面，白文，印文为『晤对知友』，内容为明代王阳明读书十八则之一；行书边款『订证商确，畅所欲言』；隶书边款『晤对知友』。

此印曾经民国太谷赵氏家族珍藏，赵铁山之子赵子言曾拓印，辑录于《赵氏藏印》。

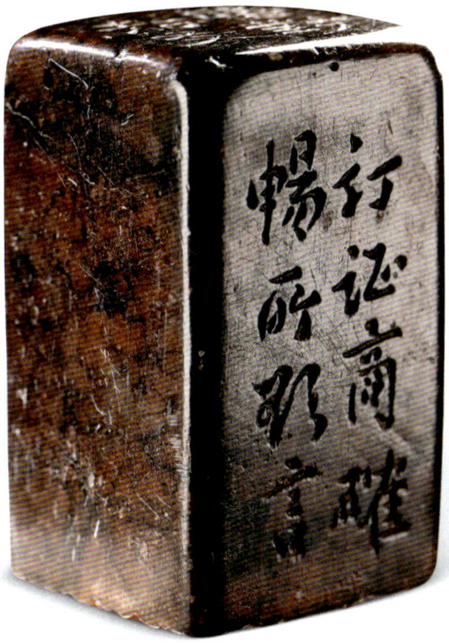

赵昌源刻『闲中趣冷处香』寿山石印

清宣统二年（1910年）

印面 7.2×2.6 厘米，通高 4.3 厘米

旧藏

寿山石质。形似山岭，刻有『终它岭』三字。朱文，印文为『闲中趣冷处香』。边款：『宣统二年暮春之初，赵叔子铁山篆季子鱼山铁笔。』

太谷赵昌燮（字铁山）、赵昌源（字渔山）兄弟皆擅篆刻。此印是二人的合力之作，铁山缪篆，渔山镌刻，布局巧妙，刀工精湛。

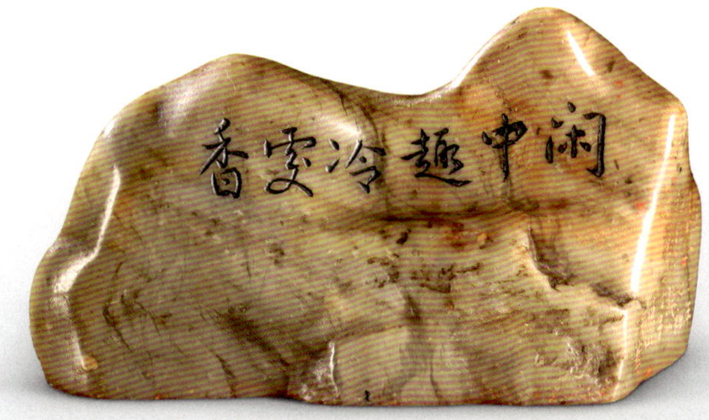

童大年刻『肇易余以嘉名』煤精石印

民国

印面 2.7×2.7 厘米，通高 5.9 厘米

旧藏

煤精石质。方形印面，朱文，印文为『肇易余以嘉名』，篆书边款『大年』。

此印语出《离骚》，为民国篆刻家童大年所镌刻。童大年（1874~1955年），原名暠，字醒庵，号性涵，崇明（今上海市崇明县）人。精于篆刻，取法秦汉，旁涉诸家，融合钟鼎碑刻文字，自具面貌。

童大年刻『乘马三年不知牝牡』煤精石印

民国

印面 2.7×2.7 厘米，通高 5.9 厘米

旧藏

煤精石质。方形印面，白文，印文为『乘马三年不知牝牡』，字法严谨，刀法娴熟，章法生动。隶书边款『大年』。

印文语出董仲舒勤学的典故『三年不窥园，乘马不知牝牡』。

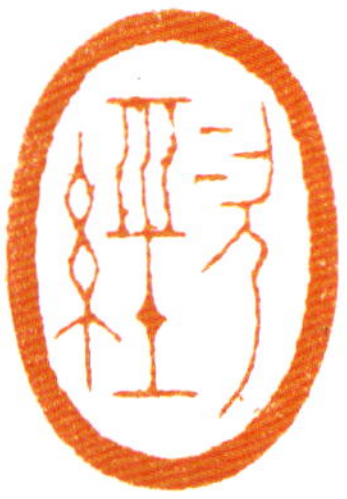

童大年刻『次经』寿山石印

民国

印面2.8×2厘米，通高5.7厘米

旧藏

寿山石质。兽钮，椭圆形印面，朱文，印文为『次经』，篆书边款『大年』。此印为童大年为冯纶镌刻。

冯纶（1889～1954年），字次经，山西隰县人。民国著名法学家、教育家、收藏家。曾留学日本，民国时任职于山西大学、西北大学；新中国时，任山西省人民政府委员等职。藏有大量名人书画，碑帖拓本，古玺印章等。其所用印章均出自篆刻名家之手，石质温润细腻，章法刀法俱佳，弥足珍贵。

童大年刻『宽柔以教』寿山石印

民国

印面2.3×1.8厘米，通高4厘米

旧藏

寿山石质。长方形印面，白文，印文为『宽柔以教』。语出《中庸》『宽柔以教，不报无道，南方之强也。君子居之』。隶书边款『性涵作』。

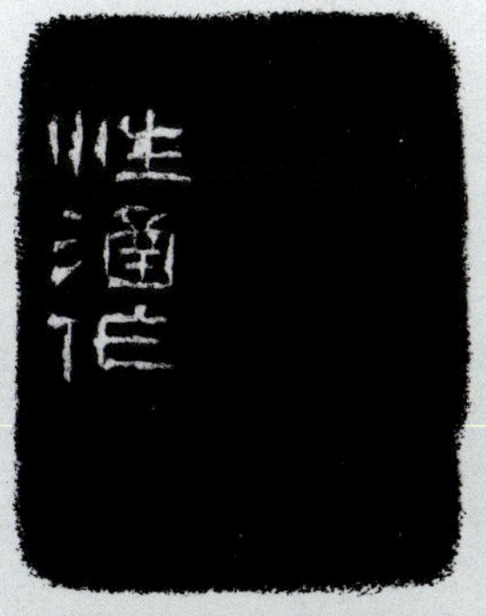

王福庵刻『隰县冯次经藏书之印』寿山石印

民国 23 年（1934 年）

印面 3.5×3.5 厘米，通高 8.3 厘米

旧藏

寿山石质。瑞兽钮，方形印面，印文为『隰县冯次经藏书之印』，隶书边款『甲戌三月之望古杭王禔福庵氏作于淞滨』。此印严谨整饬，兼具苍老浑厚之致。

王福庵（1880~1960年），原名寿祺、禔，字维季，号福庵，浙江杭州人，近现代著名的书法篆刻家。其印宗法秦汉，兼取浙皖之长，『西泠印社』创始人之一。

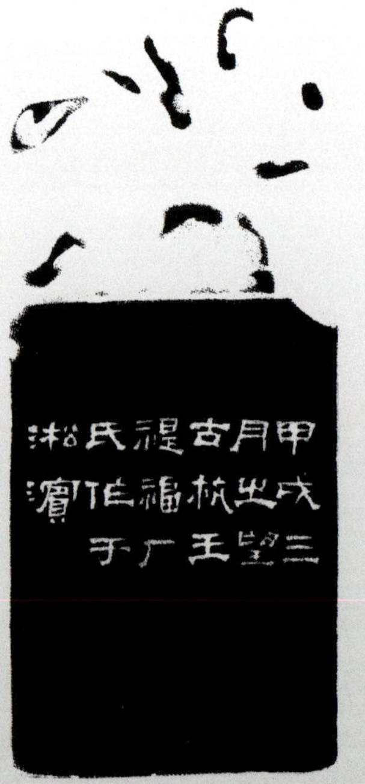

王福庵刻『次经读法』寿山石印

民国23年（1934年）

印面2.7×2.7厘米，通高6.4厘米

旧藏

寿山石质。薄意山水，方形印面，白文，印文为『次经读法』，楷书边款『福庵作于沪上，时甲戌十一月』。此印匀整而劲健，朴厚古拙。

311

王福庵刻『次经所藏』昌化石印

民国

印面1.6×1.1厘米，通高2.4厘米

旧藏

昌化石质。长方形印面，朱文，印文为『次经所藏』，楷书边款『福庵仿赵无闷』。此印工稳秀雅，王福庵为冯纶所镌。

王福庵刻『怀古』寿山石印

民国25年（1936年）

印面2.3×1.1厘米，通高4.5厘米

旧藏

寿山石质。薄意山水，椭圆形印面，朱文，印文为『怀古』，楷书边款『丙子四月上澣，福庵』。此印布局缜密，工整而不失灵动。

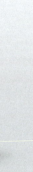

王福庵刻『真赏』青田石印

民国

印面 2.4×1.3 厘米，通高 5.8 厘米

旧藏

青田石质。兽钮，朱文，长方形印面，印文为『真赏』，法度严密，工整含蓄。楷书边款『福庵』。

王福庵刻『老鹰敝帚』寿山石印

民国

印面 2.4×2.4 厘米，通高 7.7 厘米

旧藏

寿山石质。双鱼钮，方形印面，朱文，印文为『老鹰敝帚』，楷书边款『效二金蝶堂法，福庵』。

『二金蝶堂』为赵之谦斋号名，其曾以此刻印，有《二金蝶堂印谱》传世。

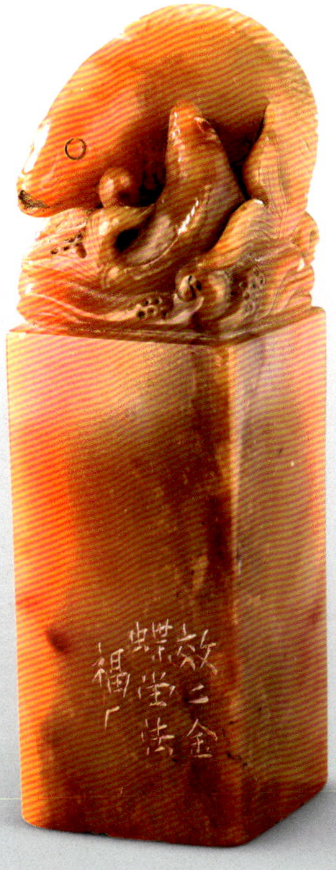

王福庵刻『冯次经』寿山石印

民国 26 年（1937 年）

印面 2×2 厘米，通高 5.6 厘米

旧藏

寿山石质。薄意山水，方形印面，朱文，印文为『冯次经』，楷书边款『丁丑二月福庵作于沪上』。

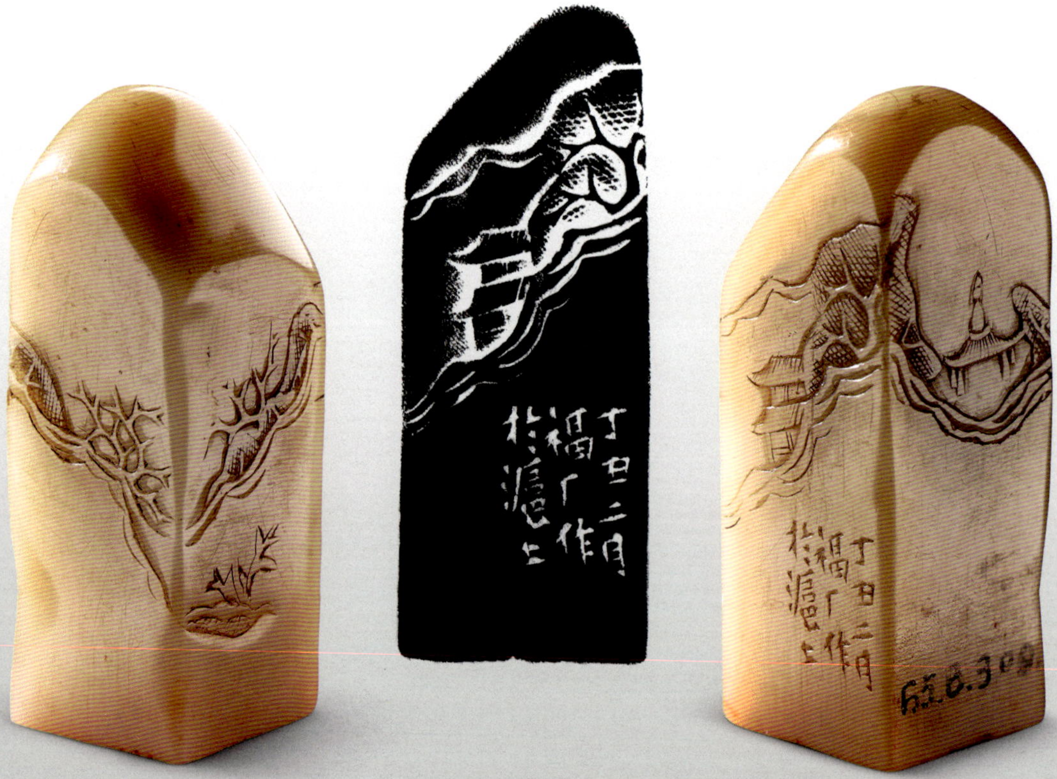

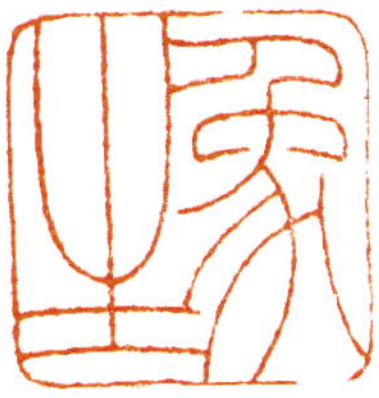

王福庵刻『象生』寿山石印

民国26年（1937年）

印面2.5×2.5厘米，通高8厘米

旧藏

寿山石质。龙形钮，朱文，方形印面，印文为『象生』，楷书边款『丁丑夏至节，福庵作于沪上』。

王福庵刻『靳仪』寿山石印

民国

印面 2.5×2.5 厘米，通高 7.9 厘米

旧藏

寿山石质。龙形钮，白文，方形印面，印文为『靳仪』，楷书边款『汉人铸印工整中有浑朴之气，此作似之，福庵记』。此印仿汉印，平正中有古茂拙朴之风。

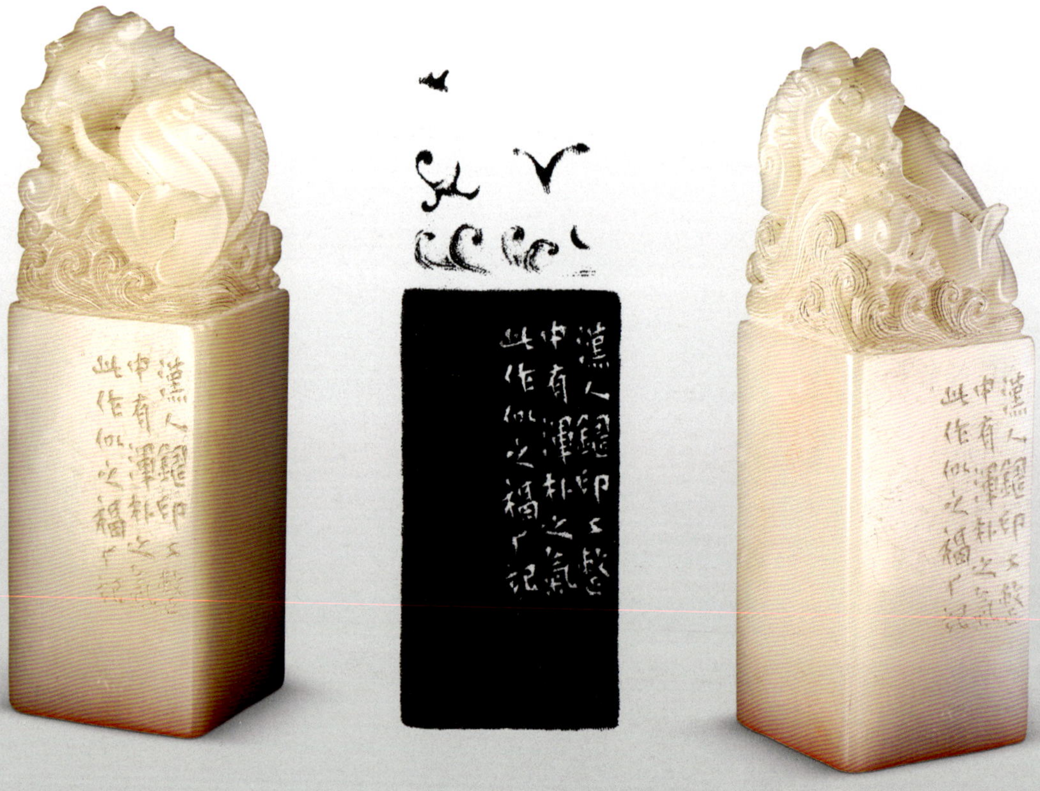

唐醉石刻『冯纶私印』寿山石印

民国

印面 2.7×2.7 厘米，通高 4.9 厘米

旧藏

寿山石质。印钮饰卷云纹，方形印面，白文，印文为『冯纶私印』，楷书边款『次经先生正，唐源邺』。

唐源邺（1886~1969年），字李侯，号醉石，湖南长沙人。工篆隶，精篆刻，初宗秦汉，继学浙派，印风浑厚拙朴，是近代著名的篆刻家。

唐醉石刻『次经长寿』寿山石印

民国23年（1934年）

印面2.8×2.8厘米，通高5.1厘米

旧藏

寿山石质。印钮饰卷云纹，方形印面，朱文，印文为『次经长寿』，楷书边款『甲戌冬醉石』。此印布局端庄，线条老辣，乃唐醉石为冯纶所镌刻。

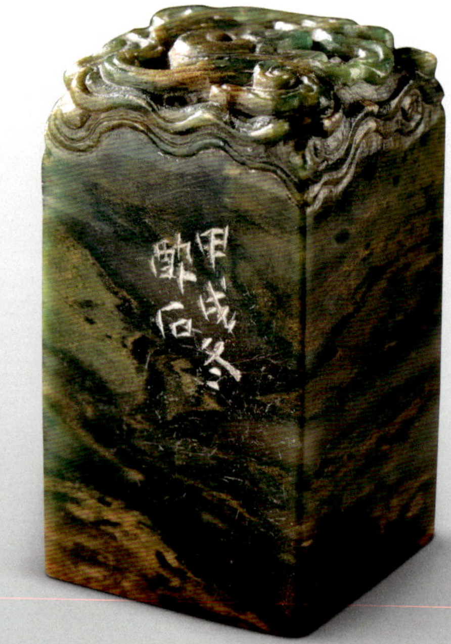

方介堪刻『冯纶印信』寿山石印

民国

印面2.1×2.1厘米，通高5.9厘米

旧藏

寿山石质。狮钮，方形印面，白文，印文为『冯纶印信』，楷书边款『次经先生正之，方岩。』

方岩（1901~1987年），原名文渠，后改名岩，字介堪，浙江永嘉（今温州市）人。擅长篆刻，取法秦玺汉印，涉猎于明清诸家，各取其长。

方介堪刻『次经长年』寿山石印

民国

印面2.2×2.2厘米，通高5.3厘米

旧藏

寿山石质。狮钮，方形印面，朱文，印文为『次经长年』，楷书边款『拟六朝印，介堪』。

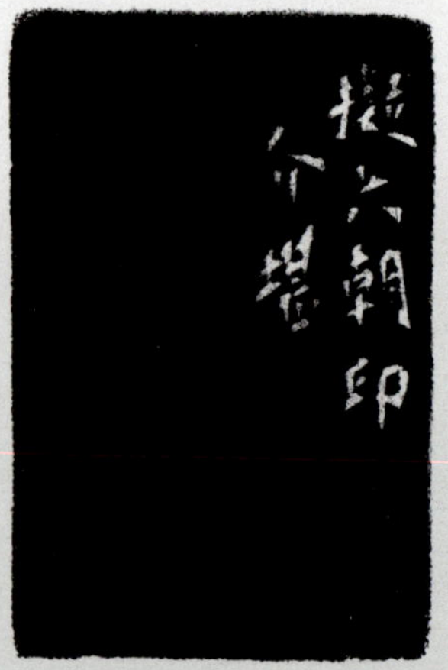

方介堪刻『次经读过』寿山石印

民国

印面 2.6×2.6 厘米，通高 4.2 厘米

旧藏

寿山石质。方形印面，白文，印文为『次经读过』，楷书边款『介堪仿汉』。此印仿汉印，稳健而沉静。

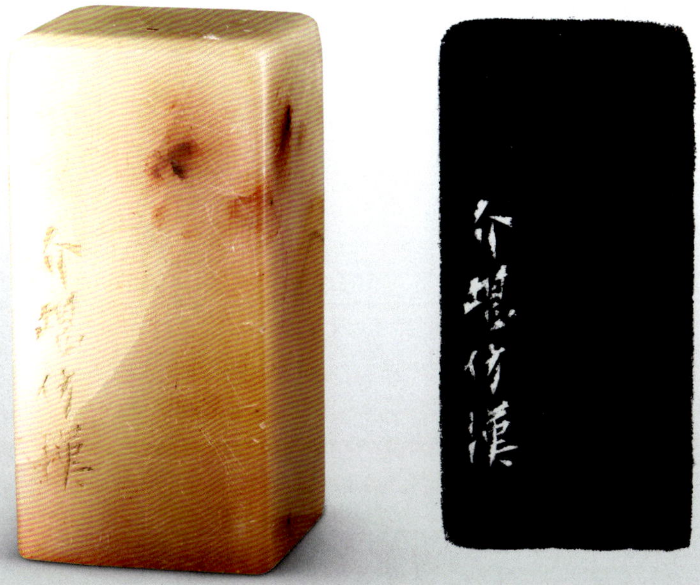

方介堪刻『谬被人呼今伯夷』寿山石印

民国 23 年（1934 年）

印面 2.5×2.5 厘米，通高 6.1 厘米

旧藏

寿山石质。薄意荷花，方形印面，白文，印文为『谬被人呼今伯夷』，楷书边款『拟让之篆意，甲戌三月介堪』。此印仿吴让之篆意，犹如铁笔作书，婉转流畅。

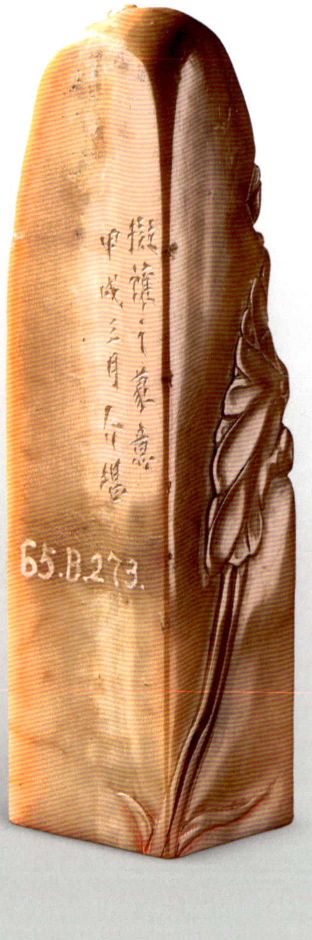

方介堪刻『老鹰读法律记』寿山石印

民国

印面 2.3×2.3 厘米，通高 8.8 厘米

旧藏

寿山石质。薄意荷花，方形印面，朱文，印文为『老鹰读法律记』，楷书边款『介堪篆于沪』。

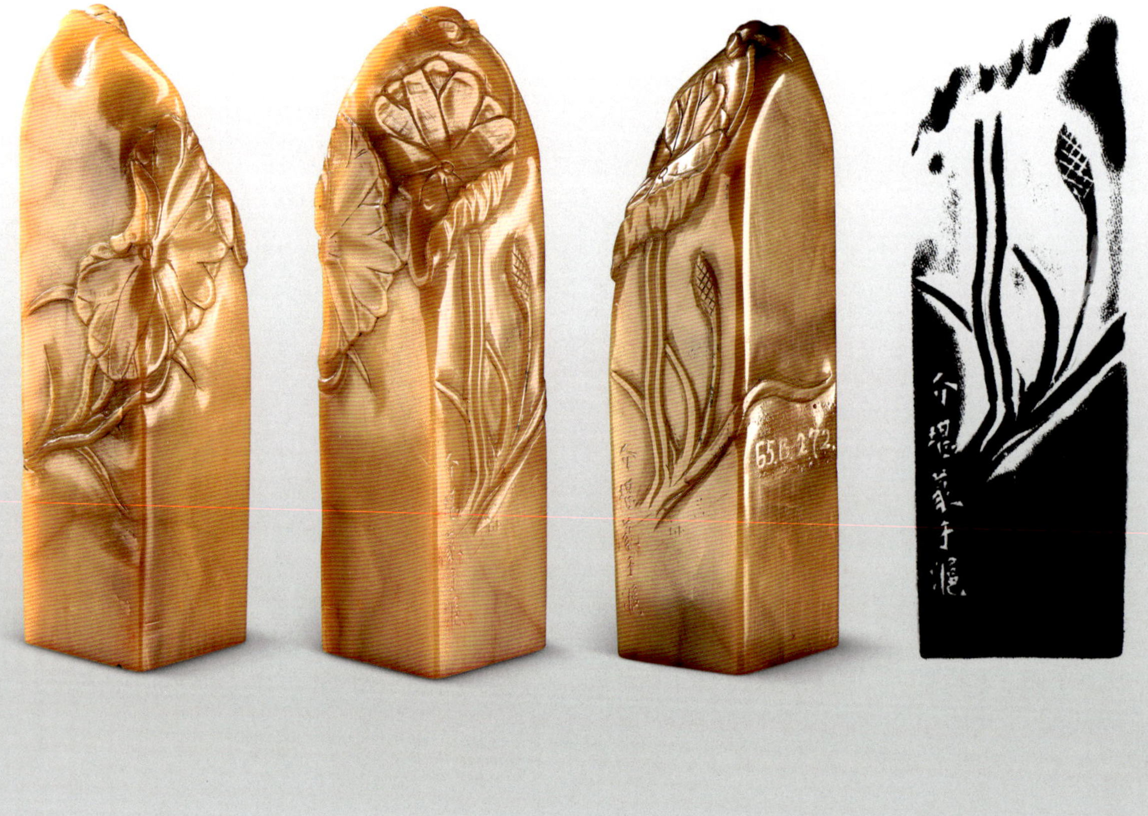

方介堪刻『次经鉴赏』寿山石印

民国25年（1936年）

印面2.5×2.5厘米，通高6.6厘米

旧藏

寿山石质。方形印面，朱文，印文为『次经鉴赏』，楷书边款『丙子四月介堪作于秣陵』。

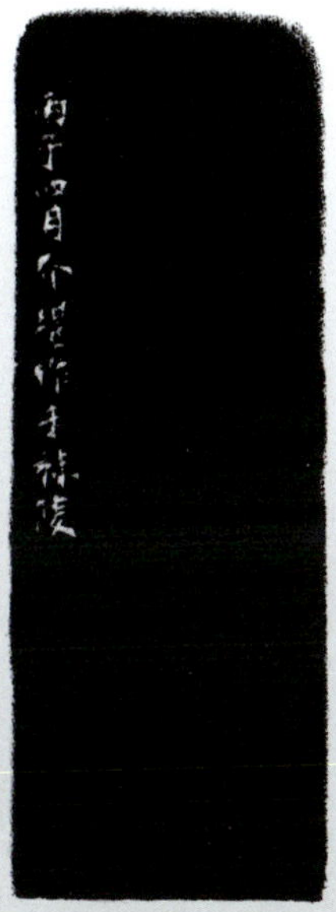

方介堪刻『大学教授』寿山石印

民国

印面 2.1×2.1厘米，通高 5.2厘米

旧藏

寿山石质。薄意山水，方形印面，白文，印文为『大学教授』，楷书边款『介堪作于海上玉篆楼』。『玉篆楼』为方介堪斋号。

方介堪刻『锡韬鉴赏』寿山石印

民国

印面2.2×2.2厘米，通高6.4厘米

旧藏

寿山石质。薄意山水人物，方形印面，朱文，印文为『锡韬鉴赏』，楷书边款『略拟汉额篆意，介堪』。此印仿汉代碑额篆意，方正平直，刚柔相济。

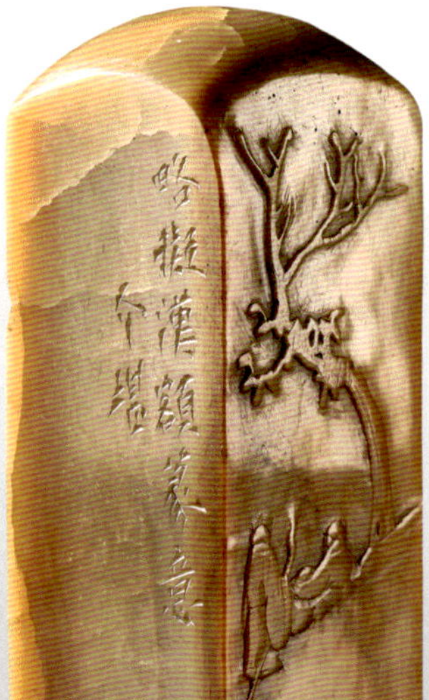

陈巨来刻『冯纶次经』寿山石印

民国

印面2.3×2.3厘米，通高7厘米

旧藏

寿山石质。缠枝花卉钮，方形印面，白文，印文为『冯纶次经』，楷书边款『巨来制作。蟾园』。

陈巨来（1905~1984年），原名斝，字巨来，号塙斋，别署安持，浙江平湖人。以篆刻闻名，在『元朱文』上造诣尤深，『刻印醇厚，元朱文为近代第一』。

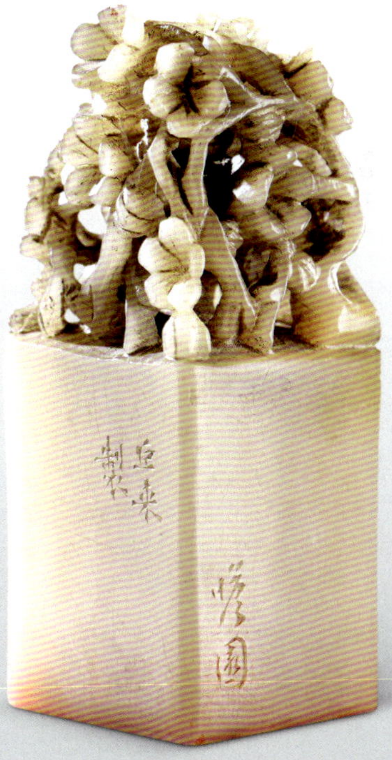

陈巨来刻『冯次经藏书记』寿山石印

民国26年（1937年）

印面2.9×2.1厘米，通高4.8厘米

旧藏

寿山石质。长方形印面，白文，印文为『冯次经藏书记』，楷书边款『丁丑二月巨来仿汉白文』。此印仿汉，工整流动。

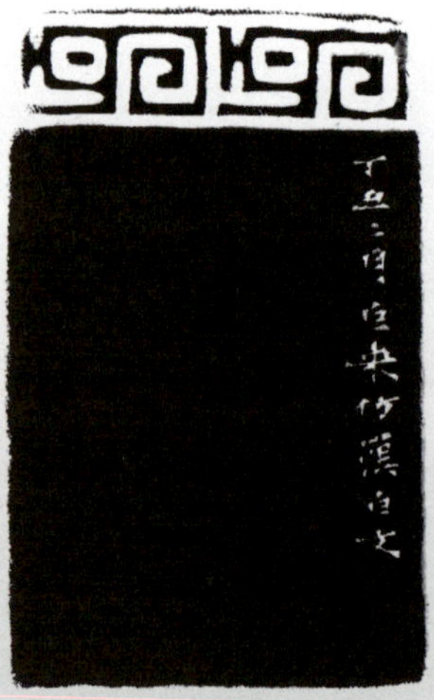

陈巨来刻『养素斋』寿山石印

民国

印面2.5×2.5厘米，通高5.6厘米

旧藏

寿山石质。狮钮，方形印面，白文，印文为『养素斋』。语出嵇康《幽愤诗》『志在守朴，养素全真』，谓养其质以全真性。楷书边款『巨来篆』。

周鼎刻『叶氏永宝』寿山石印

民国

印面1.1×1.1厘米，通高6.3厘米

旧藏

寿山石质。方形印面，白文，印文为『叶氏永宝』，楷书边款『拟钟鼎文，泉唐周鼎作于古并』。

周鼎（1870年~？），字文叔，号空空老人，泉唐人。有研究者认为『泉唐』为今杭州市。

周鼎刻『双石砚斋宋水坑』寿山石印

民国29年（1940年）

印面2.5×2.5厘米，通高6.3厘米

旧藏

寿山石质。松鼠葡萄钮，方形印面，白文，印文为『双石砚斋宋水坑』，楷书边款『拟汉大白文平正一派，愧未得其神妙，即请凤庭乡台先生方家指疵。庚辰春三月上浣，弟周鼎病后作于太原』。

周鼎刻『一钱亭畔意故乡』寿山石印

民国29年（1940年）

印面2.2×2.2厘米，通高5厘米

旧藏

寿山石质。白文，印文为『一钱亭畔意故乡』，行书边款『拟汉细白文切玉法，《说文》「意」字与「忆」通，庚辰春月空空老人作于太原，时年七十有一』。

一钱亭，又称选钱亭，在今浙江省绍兴市。

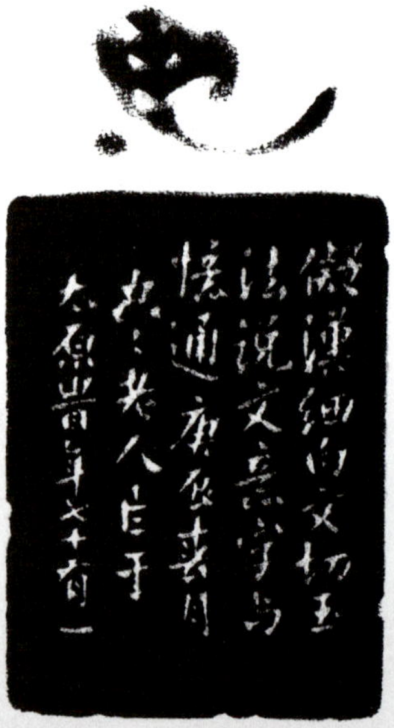

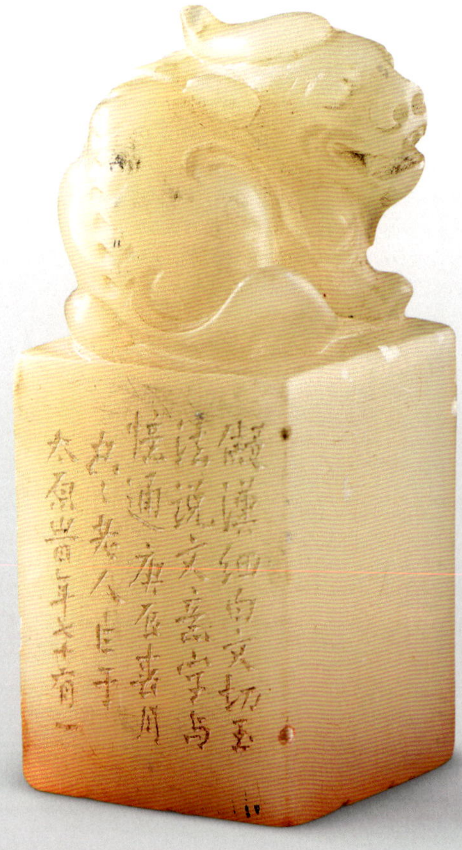

周鼎刻『桃原之乐乐陶陶』鸡血石印

民国

印面2.2×2.2厘米，通高5.3厘米

旧藏

鸡血石质。方形印面，白文，印文为『桃原之乐乐陶陶』，楷书边款『拟汉切玉法，即请凤庭先生教正。泉唐周鼎作于太原』。

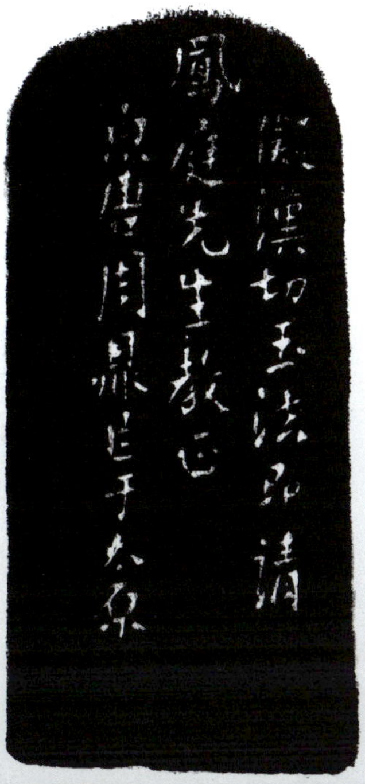

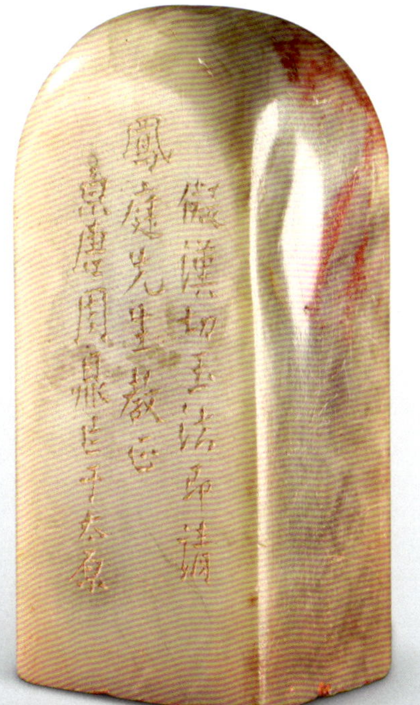

周鼎刻『备尝艰难』寿山石印

民国29年（1940年）

印面1.8×1.8厘米，通高5厘米

旧藏

寿山石质。狮钮，方形印面，朱文，印文为『备尝艰难』。语出《晋书·潘尼传》：『尼职居显要，从容而已，虽忧虞不及，而备尝艰难。』行书边款『文叔。庚辰冬月空空老人作，时年七十又一』。

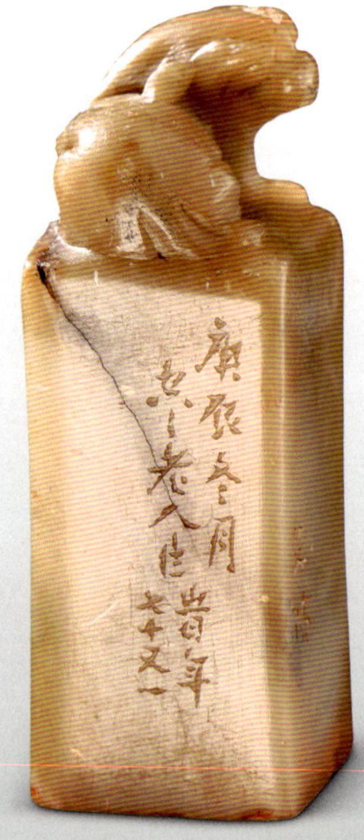

周鼎刻『自强不息』寿山石印

民国

印面1.1×1.1厘米，通高6厘米

旧藏

寿山石质。方形印面，篆书，白文，印文为『自强不息』。语出《易经》：『天行健，君子以自强不息。』行书边款『空空老人作』。

周鼎刻『传易斋』寿山石印

民国 30 年（1941 年）

印面 1.1×1.1 厘米，通高 6.2 厘米

旧藏

寿山石质。方形印面，朱文，印文为『传易斋』，楷书边款『辛巳正月空空老人作，时年七十又二』。

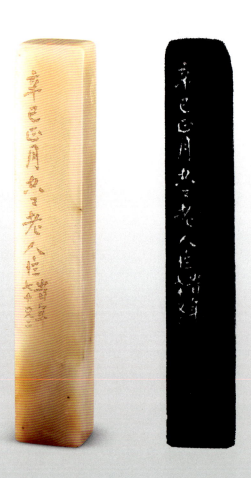

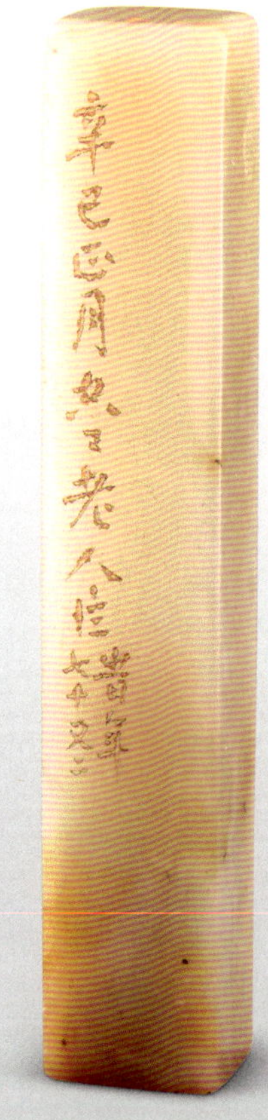

周鼎刻『系出沈尹食邑叶』寿山石印

民国

印面 2×2 厘米，通高 2.9 厘米

旧藏

寿山石质。方形印面，朱文，印文为『系出沈尹食邑叶』，行书边款『「系出沈尹食邑叶」七字，录古籀文，愧未得其万一。空空老人作』。

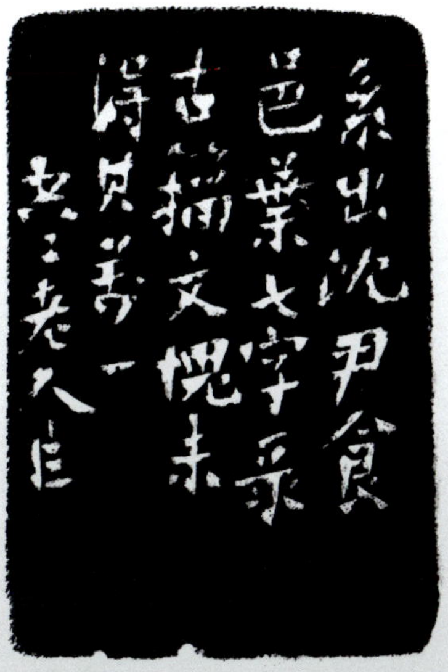

周鼎刻『定慧』煤精石印

民国31年（1942年）

印面2×2厘米，通高5.8厘米

旧藏

煤精石质。边刻佛像，方形印面，白文，印文为『定慧』，行书边款『□□老友属刻「定慧」二字，拟汉切玉法以报疋命，即希教正，壬午夏四月，空空老人作于太原，时年七十又三』『边刻佛象，乃老友王丞参之佳作，古色古香，余不及也。空空老人补笔』。

南無阿弥陀佛

寿石工刻『三世宰晋』鸡血石印

民国

印面径 2.4 厘米，通高 3.6 厘米

旧藏

鸡血石质。圆形印面，白文，印文为『三世宰晋』，顶端楷书款『印丐』。

印丐，寿石工也。寿石工（1886~1949年），名玺，字石工，号印丐，浙江绍兴人，久寓北京。其擅篆刻，初师秦汉，广蓄博收，享誉印林。

寿石工刻『不能饮酒厌闻歌』鸡血石印

民国

印面2.4×2.4厘米，通高3.5厘米

旧藏

鸡血石质。方形印面，朱文，印文为『不能饮酒厌闻歌』，顶端楷书款『印丐』。

清代安徽桐城张廷玉《元夕寄弟药斋》诗云：『天与人间清净福，不能饮酒厌闻歌。』

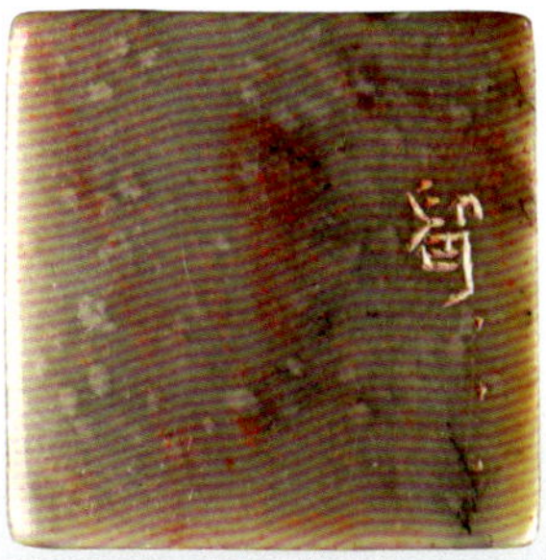

寿石工刻『悬磬室』寿山石印

民国

印面 3×1 厘米，通高 5.4 厘米

旧藏

寿山石质。博古钮，印面呈椭圆形，朱文，印文为『悬磬室』。语出《国语·鲁语》：『室如悬磬，野无青草，何恃而不恐。』楷书边款『印丐』。

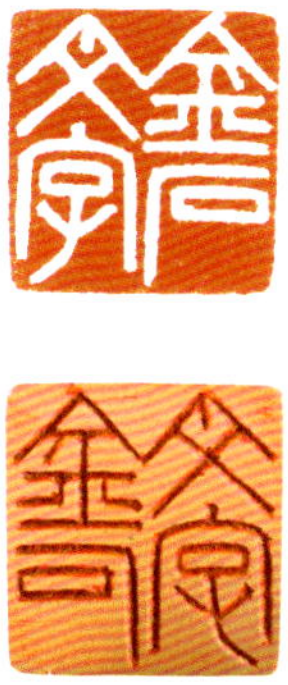

寿石工刻『金石文字』寿山石印

民国

印面 1.9×1.9 厘米，通高 5.2 厘米

旧藏

寿山石质。狮钮，方形印面，白文，印文为『金石文字』，清丽刚健，楷书边款『印丐』。

金禹民刻『祖孙解元』青田石印

民国

印面 3×1.6 厘米，通高 4 厘米

旧藏

青田石质。长方形印面，朱文，印文为『祖孙解元』，楷书边款『禹民』。

金禹民（1906~1982年），原名马金澄，字宇民，后改字禹民，以金为姓，满族人。酷好金石篆刻，师从篆刻名家寿石工，广涉古玺汉印，兼取浙皖两派之长。

金禹民刻『叶』寿山石印

民国28年（1939年）

印面1.2×1.2厘米，通高5.6厘米

旧藏

寿山石质。印身镂刻动物，以形巧造，独具匠心，方形印面，朱文，印文为『叶』，楷书边款『古「叶」见《金文编》，己卯禹民刻』。

『钱清叶氏』田黄石印

民国

印面 2×1.5 厘米，通高 2 厘米

旧藏

田黄石质。马钮，长方形印面，白文，印文为『钱清叶氏』。

『叶纪元印』寿山石印

民国

印面 1.9×1.9 厘米，通高 5.1 厘米

旧藏

寿山石质。透雕繁花，方形印面，白文，印文为『叶纪元印』，楷书边款『己未八月柏年制。』

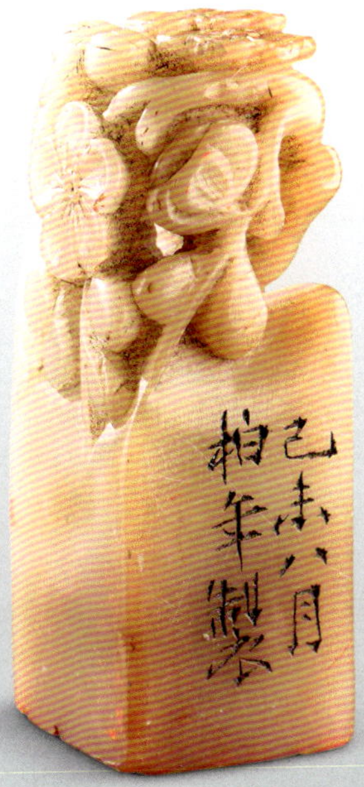

常赞春刻『时愚时明时巧时拙』寿山石印

民国

印面2.3×2.3厘米，通高5厘米

旧藏

寿山石质。方形印面，朱文，印文为『时愚时明时巧时拙』，楷书边款『常子襄先生所篆，癸未春三月寿卿先生出视，禄民拜观。』此印为常赞春所作，线条匀净，工稳秀雅，拙中寓巧，静中寓动。

常赞春（1872~1941年），字子襄，号髯翁、作闲等，山西榆次人。博学多才，擅长书画、篆刻及金石考据，精研汉印、封泥等，古趣盎然。

常赞春篆刻之名于后世并不彰显，作品几乎散佚殆尽。此印弥为珍贵，可以帮助我们直观了解常氏治印的基本风貌。

常子襄先生所篆癸未
春三月寿卿先生出眎
孫民拜觀

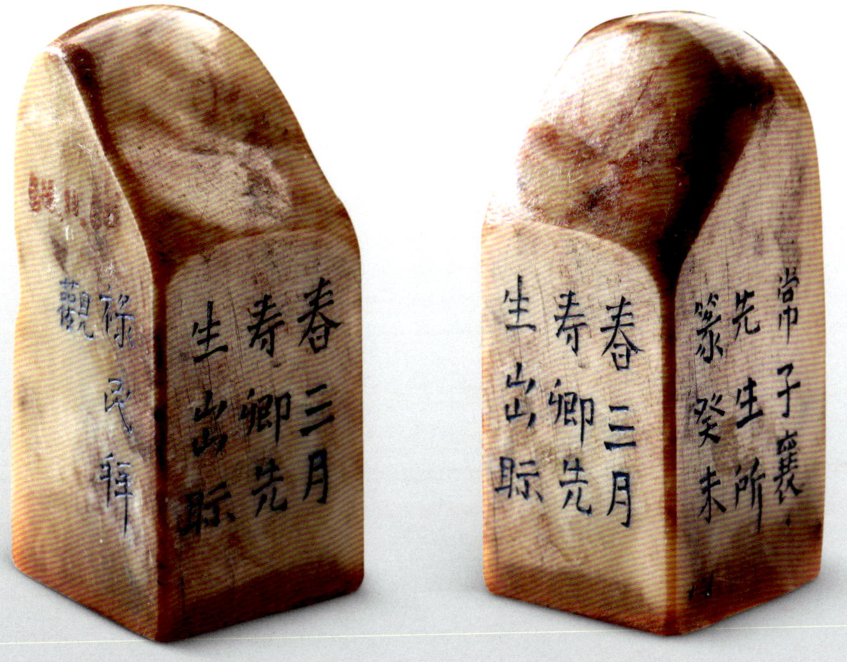

『敬信事天』寿山石印

民国

印面1.3×1.3厘米，通高2.3厘米

旧藏

寿山石质。随形素面，方形印面，白文，印文为『敬信事天』。

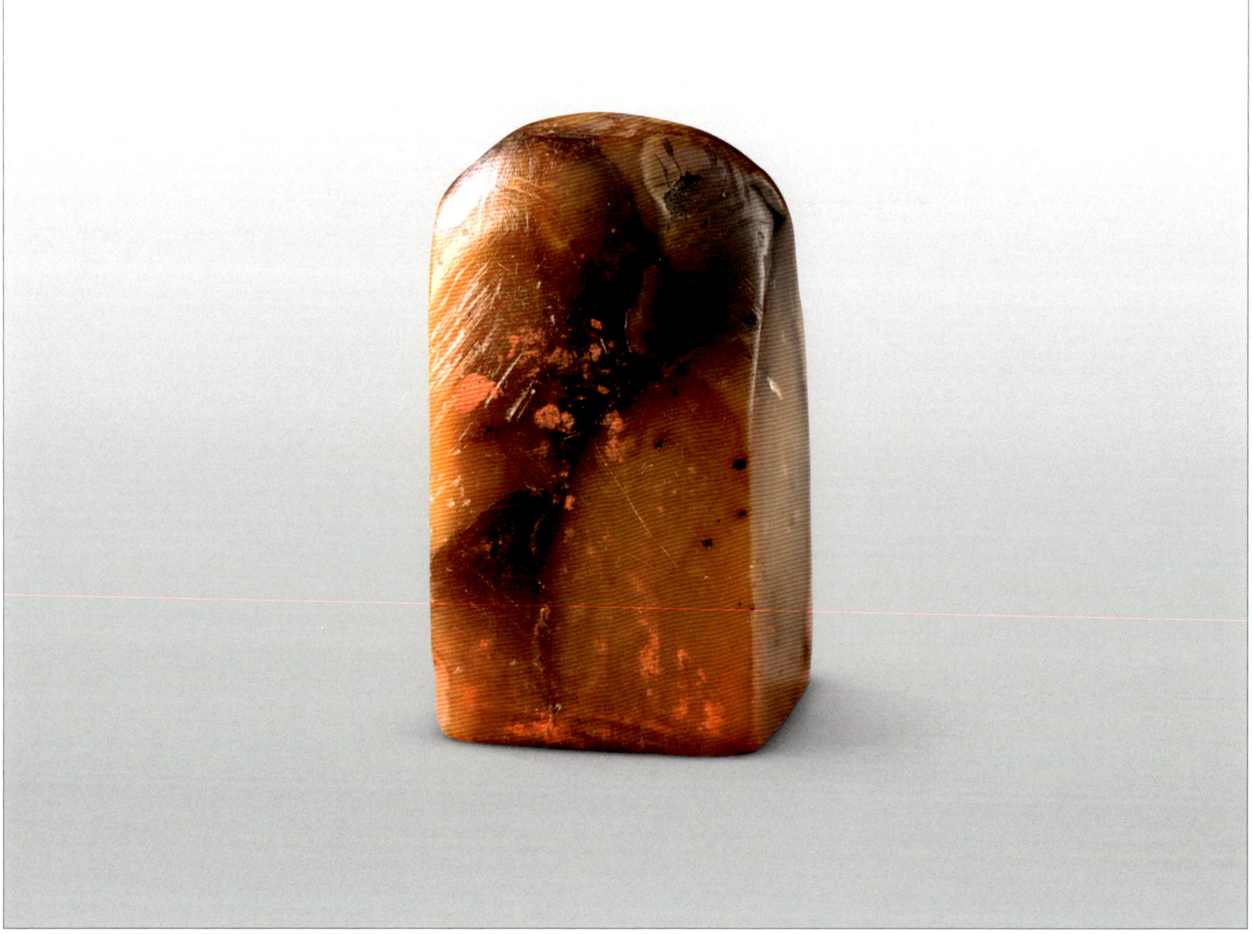

『今是昨非』田黄石印

民国

印面 2.6×1.7厘米，通高5.3厘米

旧藏

田黄石质。薄意林下高士图，长方形印面，朱文，印文为『今是昨非』。

『雒阳』寿山石印

民国

印面径 3.5 厘米，通高 6.6 厘米

旧藏

寿山石质。狮子滚绣球钮，高浮雕山水，圆形印面，朱文，印文为『雒阳』。

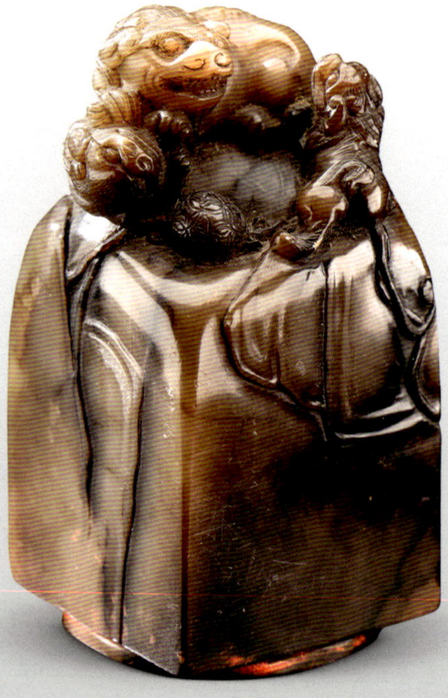

『碎海楼印』寿山石印

民国

印面1.5×1.5厘米，通高3.8厘米

旧藏

寿山石质。高台狮钮，方形印面，朱文，印文为『碎海楼印』。

楚桥刻『嘉乐堂图籍印』寿山石印

民国

印面 3.3×3.1 厘米，通高 4.5 厘米

1961 年北京庆云堂征集

寿山石质。子母狮钮，长方形印面，白文，印文为『嘉乐堂图籍印』，楷书边款『楚桥时年七十三』。

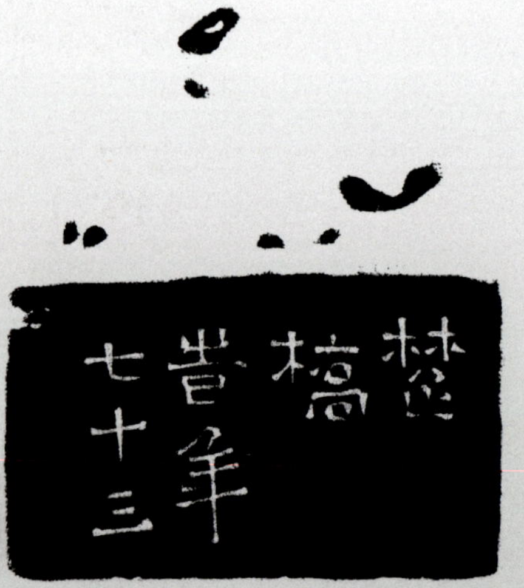

『汉痴道人』昌化石印

民国

印面 3.5×3.4 厘米，通高 9.2 厘米

旧藏

昌化石质。素面，方形印面，白文，印文为『汉痴道人』。山西博物院藏有赵铁山自用印二十余方，此印为其中之一。

赵铁山（1877~1945年），原名昌燮，又名訔，字铁山，亦字惕三、错铁，号汉持、汉痴道人、心隐庵主人等，山西太谷县人。清宣统元年（1909年）拔贡。以书法著称于世，在绘画、篆刻方面，成就亦不俗。其篆刻宗法秦汉，以书入印，将金石碑版中的精髓融入到其中。与民国时期著名的篆刻家穆寿山、王希哲等多有往来。

『山右书生』昌化石印

民国

印面 3.5×3.5 厘米，通高 9.2 厘米

旧藏

昌化石质。素面，方形印面，白文，印文为『山右书生』。

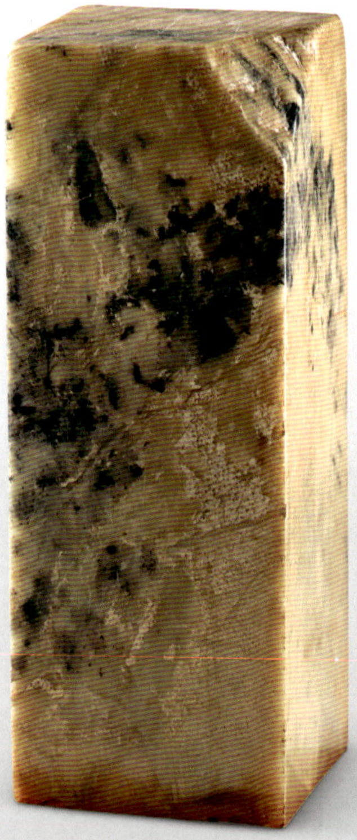

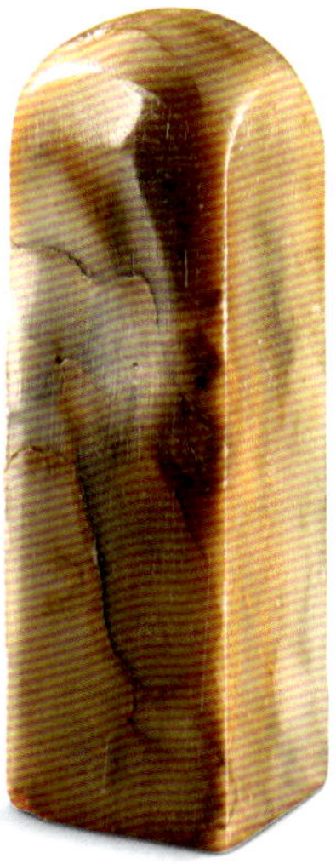

『铁山借观』昌化石印

民国

印面 1.7×1.7 厘米，通高 5 厘米

旧藏

昌化石质。随形素面，印面方形，白文，印文为『铁山借观』。

『老铁宣统纪元以后所作』寿山石印

民国

印面 3.5×1.9 厘米，通高 7.1 厘米

旧藏

寿山石质。随形素面，方形印面，白文，印文为『老铁宣统纪元以后所作』。

『太谷赵叔子字铁山又字惕三别号汉痴』青田石印

民国

印面 5.3×5.3 厘米，通高 8.2 厘米

旧藏

青田石质，素顶随形，『不假雕琢，自见峥嵘』，方形印面，白文，印文为『太谷赵叔子字铁山又字惕三别号汉痴』。赵铁山一生因不同缘由而所用字号甚多，印文内容就包涵铁山、惕三、汉痴三种。此印四面皆有刻款，赵铁山在边款中也提及自己以这三种字号行世的特殊意义。

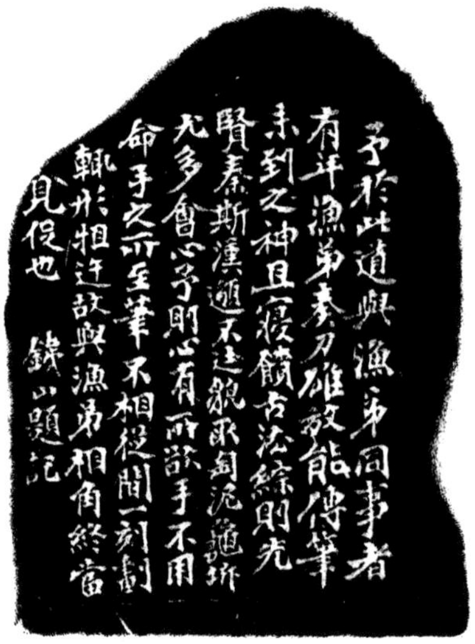

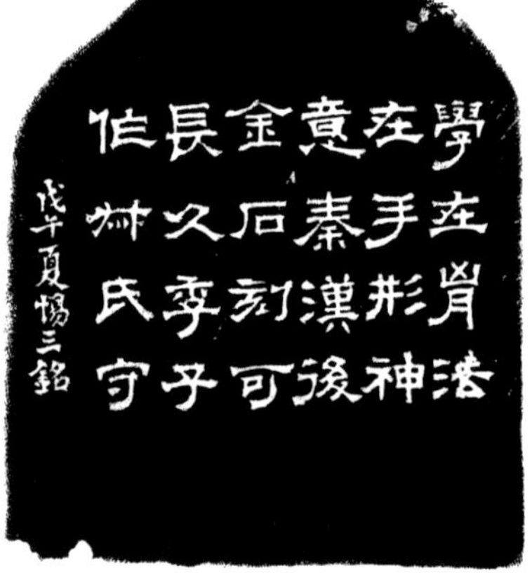

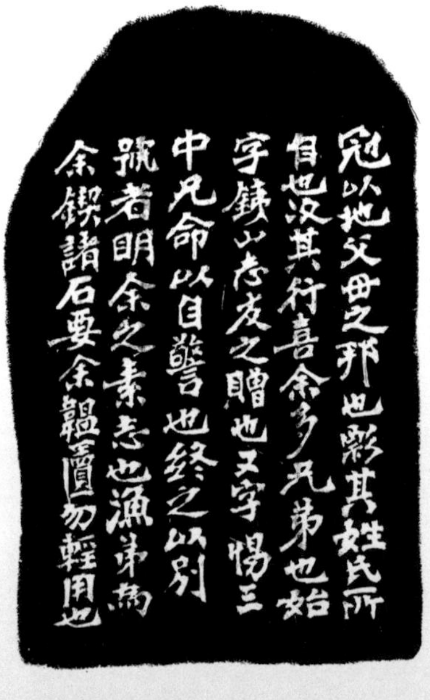

边款释文：

（一）予于此道，与渔弟同事者有年，渔弟奏刀雄放，能传笔未到之神，且寝馈古法，综则先贤，秦斯汉邈，不迁貌取，匋泥龟坼，尤多会心。予则心有所欲，手不用命，手之所至，笔不相从，间一刻划，辄形相近，故与渔弟相角，终当见促也。铁山题记。

（二）学在胸，法在手，形神意，秦汉后，金石刻，可长久。戊午夏惕三铭。

（三）冰姿玉骨，洁白而成，不假雕琢，自见峥嵘，青田之毓，花乳之精，蓑经介石，含章可贞。

（四）冠以地父母之邦也，彰其姓氏所自也，次其行，喜余多兄弟也。始字铁山，志友之赠也，又字惕三，中兄命以自警也。终之以别号者，明余之素志也。渔弟为余锲诸石，要余韫匮勿轻用也。

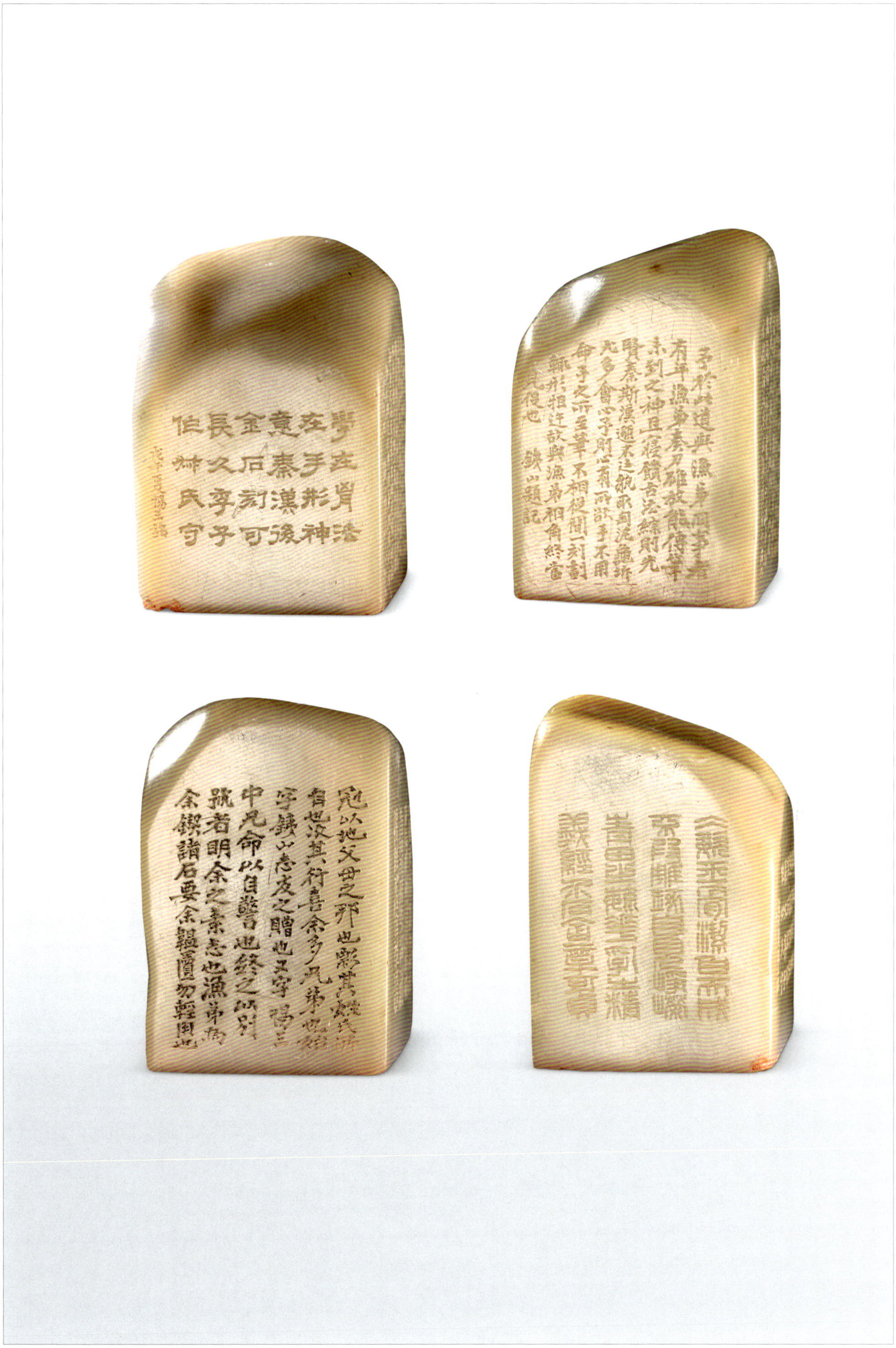

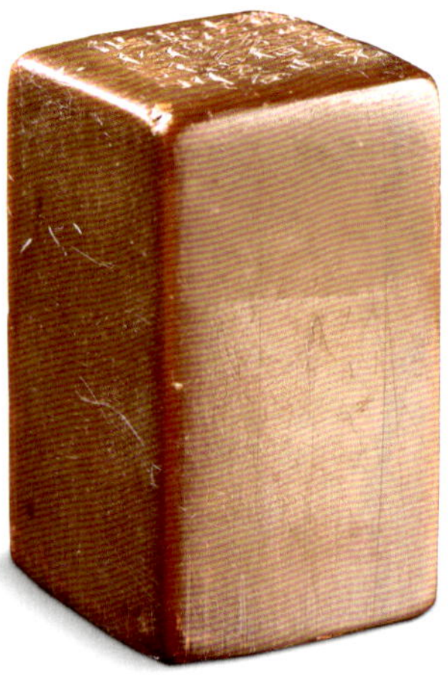

穆云谷刻『赵昌燮印』青田石印

民国

印面 2.5×2.4 厘米，通高 4.2 厘米

旧藏

青田石质。方形印面，白文，印文为『赵昌燮印』，素面顶款『铁山道兄法家指正，弟穆云谷作于并州』。

穆云谷（1875~1938年），字寿山，又名恒谦，号古香室主，天津人，民国著名的金石书画家。篆刻造诣尤深，有『南有吴昌硕，北有穆寿山』之誉。

穆云谷刻『铁山』青田石印

民国7年（1918年）

印面2.5×2.5厘米，通高4.2厘米

旧藏

青田石质。方形印面，朱文，印文为『铁山』，素面顶款『戊午十月于晋阳营次，寿山』。

穆云谷早年曾在晋军中任军医官，后离晋返家。其应该是在此期间与赵铁山相识、相交，再为之奏刀刻印。

『赵瞖之印』寿山石印

民国

印面 3.7×3.7 厘米，通高 8 厘米

旧藏

寿山石质。子母狮钮，方形印面，白文，印文为『赵瞖之印』。民国13年（1924年）赵昌燮更名为赵瞖，其有一方印为『甲子岁更名瞖』。

『铁山四十八岁所更名』寿山石印

民国

印面3.6×3.6厘米，通高8.2厘米

旧藏

寿山石质。子母狮钮，方形印面，朱文，印文为『铁山四十八岁所更名』。此印与『甲子岁更名詈』相互印证，进一步证实赵铁山在48岁（1924年）时更名为詈。

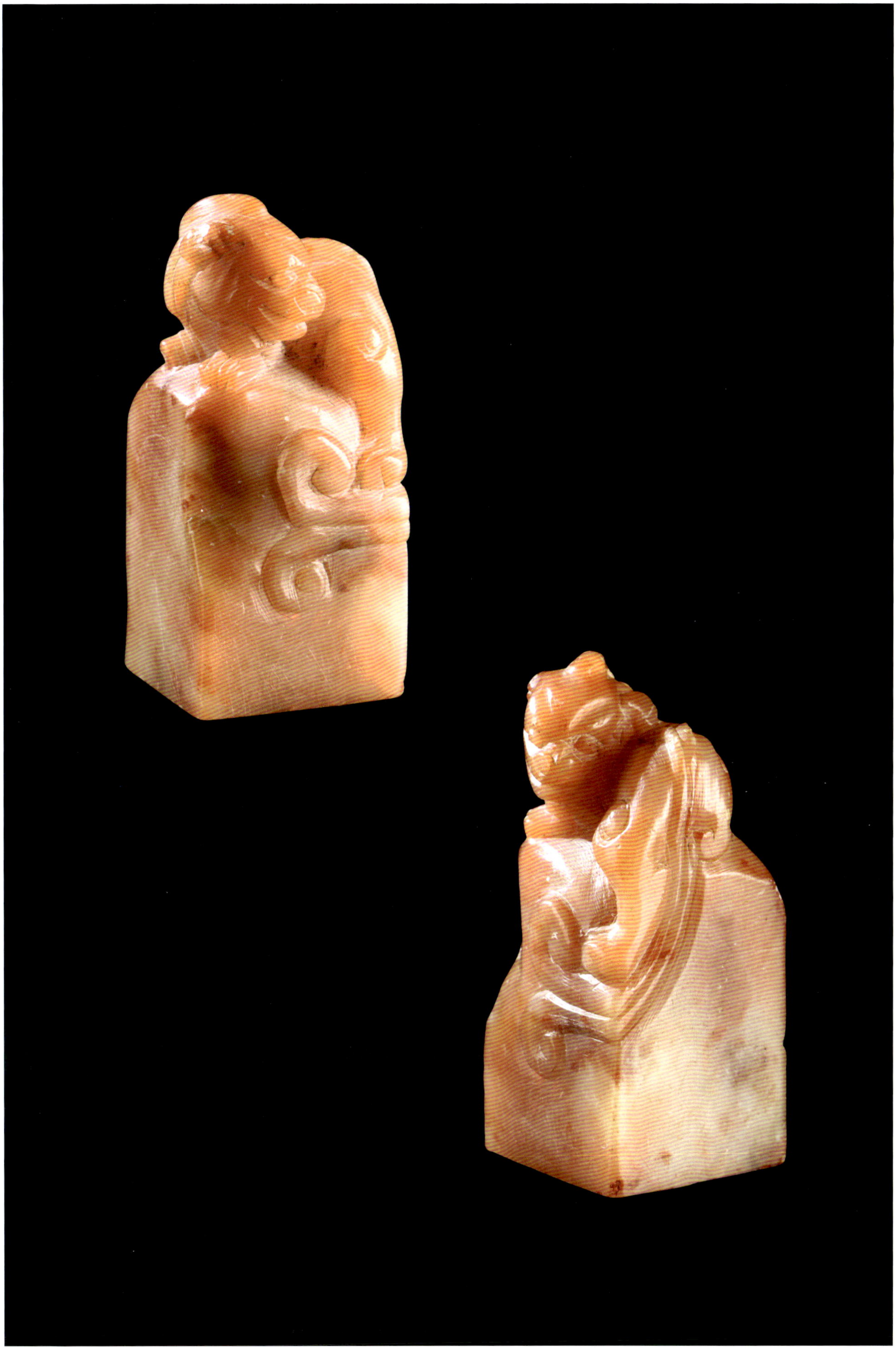

『赵訾』寿山石印

民国

印面 1.7×1.7 厘米，通高 3.7 厘米

旧藏

寿山石质。狮钮，方形印面，白文，印文为『赵訾』。

王希哲刻『赵昌燮印』寿山石印

民国

印面 3.6×3.6 厘米，通高 7.4 厘米

旧藏

寿山石质。方形印面，白文，印文为『赵昌燮印』，边款『铁山先生远道以书扇著书相贶，作此请正，希哲仿汉』。

王希哲（1880~1953年），原名光烈，字希哲、晋阳，辽宁沈阳人。擅长书法，精于篆刻，以古文字入印，风格迥异于他人，而自成规矩，有《希哲庐印谱》传世。

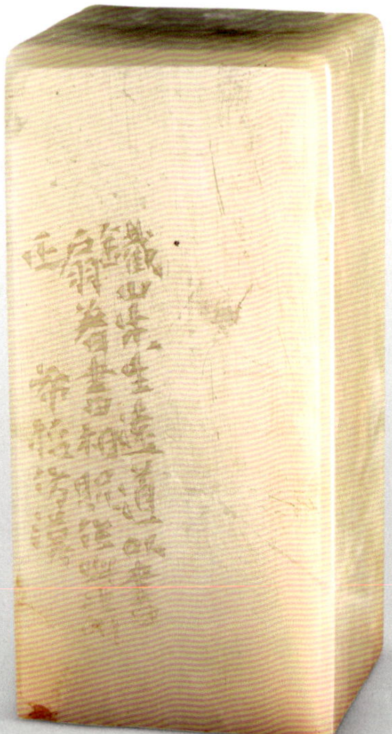

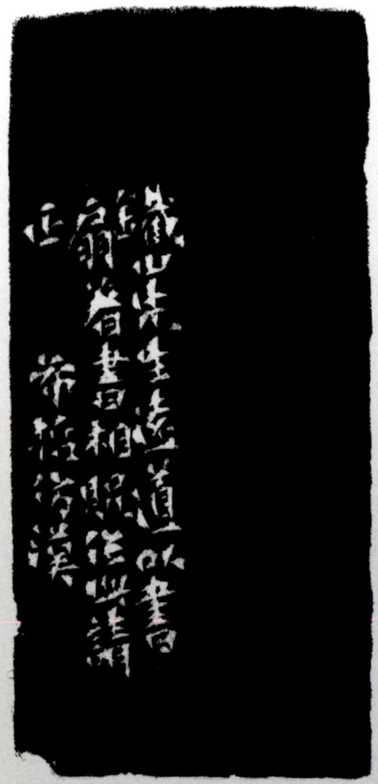

王希哲刻『铁山』寿山石印

民国24年（1935年）

印面3.6×3.6厘米，通高7.4厘米

旧藏

寿山石质。方形印面，朱文，印文为『铁山』，楷书边款『乙亥蒲夏为铁山方家作，希哲。』

赵铁山与王希哲交谊颇深，两人虽相隔万里，却有书信往来，谈书论印，互赠佳作。

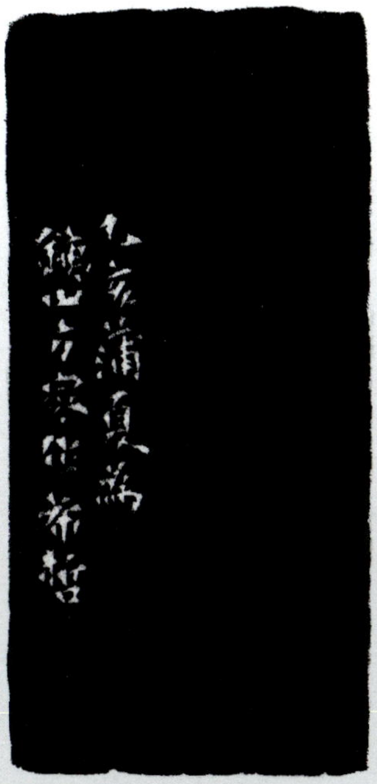

王希哲刻『铁山六十以后作』寿山石印

民国

印面 4.5×2.3 厘米，通高 7.7 厘米

旧藏

寿山石质。方形印面，朱文，印文为『铁山六十以后作』，素面边款『拟古籀文为铁山先生作，希哲』。

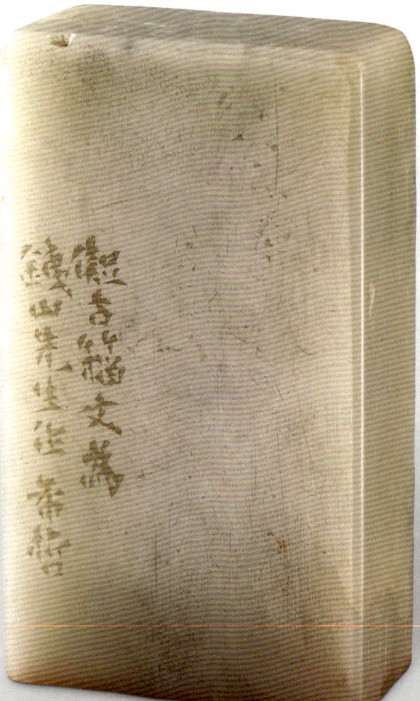

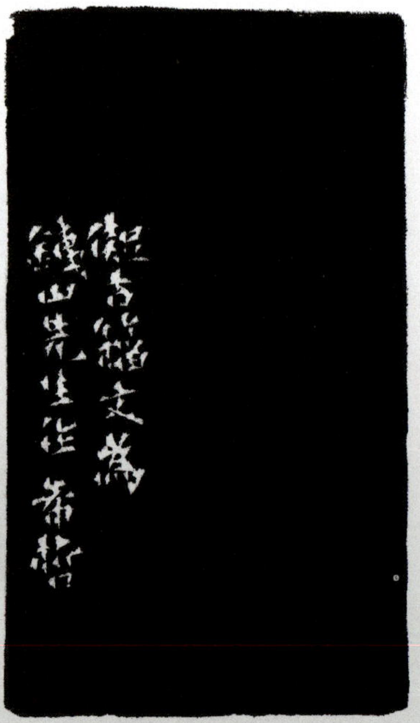

于非庵刻『赵昌燮印』青田石印

民国24年（1935年）

印面2.3×2.3厘米，通高5厘米

旧藏

青田石质。方形印面，白文，印文为『赵昌燮印』，素面边款『乙亥二月拟汉官印，非庵』。此印得汉印高古厚重之气韵。

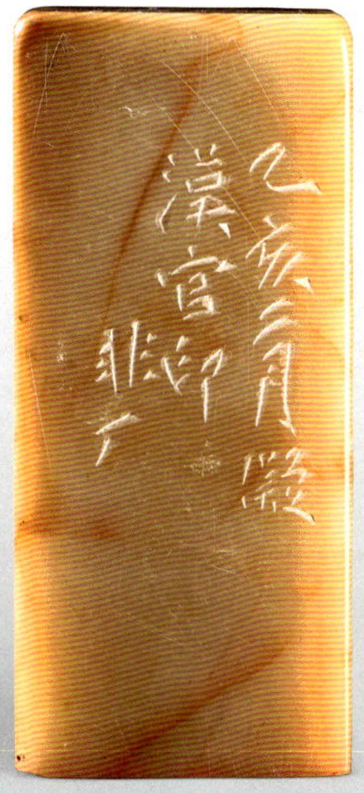

于非庵刻『铁山』寿山石印

民国

印面 2.3×2.3 厘米，通高 5.1 厘米

旧藏

寿山石质。方形印面，朱文，印文为『铁山』，素面边款『非庵刻』。

于非庵（1888~1959年），名照，字非庵，别署非闇，北京人。清末贡生，篆刻师从齐白石，广泛涉猎古玺、元朱文，虽不以篆刻名世，却自具面目。

『铁山』寿山石印

民国

印面 1.7×1.2 厘米，通高 4.2 厘米

旧藏

寿山石质。随形素面，印面方形，白文，印面有阴线界栏，印文为『铁山』，边款『俊士』。

『愓三上书』寿山石印

民国

印面 1.5×1.5 厘米，通高 3.2 厘米

旧藏

寿山石质。随形素面，印面方形，白文，印文为『愓三上书』。

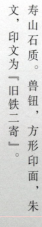

『旧铁二寄』寿山石印

民国

印面 2.3×2.3 厘米，通高 3.2 厘米

旧藏

寿山石质。兽钮，方形印面，朱文，印文为『旧铁二寄』。

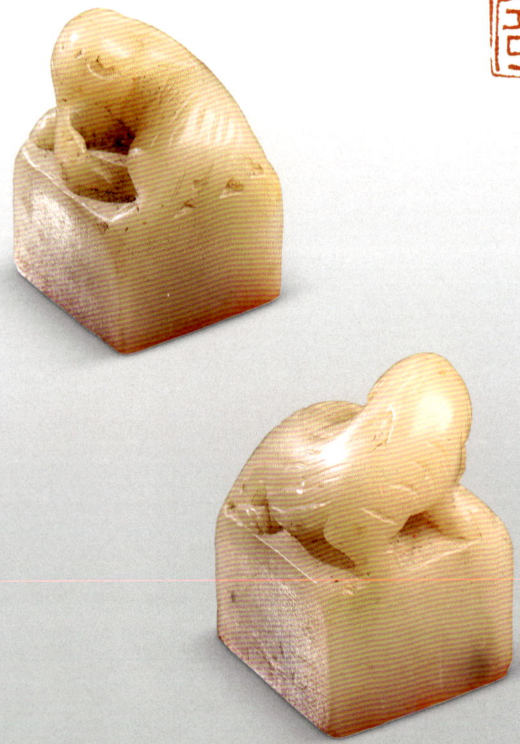

『小颠生』寿山石印

民国

印面 1.5×1.5厘米，通高4厘米

旧藏

寿山石质。象钮，方形印面，朱文，印文为『小颠生』。

『太谷赵氏伯仲叔季斠藏名贤遗泽寿石吉金之印』青田石印

民国

印面 2.5×2.5 厘米，通高 7.6 厘米

旧藏

青田石质。方形印面，白文，印文为『太谷赵氏伯仲叔季斠藏名贤遗泽寿石吉金之印』。

赵铁山兄弟四人，长兄昌燕，字桂山；二兄昌晋，字云山；四弟昌源，字渔山。四人皆好金石书画，收藏颇丰。

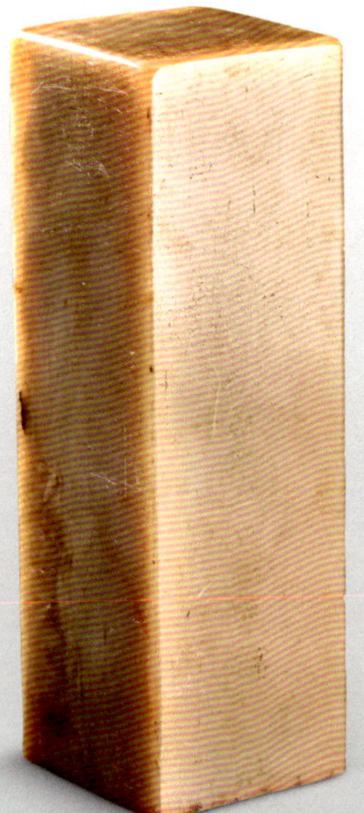

『合眼放步顺时听天』寿山石印

民国

印面2.2×1.8厘米，通高3.1厘米

旧藏

寿山石质。随形素面，方形印面，白文，印文为『合眼放步，顺时听天』。

『护封』青田石印

民国

印面2.3×2.3厘米，通高3.5厘米

旧藏

青田石质。素面方形，朱文，印文为『护封』。

『赵昌源印』青田石印

民国

印面2.2×2.2厘米，通高2.7厘米

旧藏

青田石质。素面方形，白文，印文为『赵昌源』。

赵昌源，字渔山，赵昌燮之弟。擅书画，工篆刻，为赵铁山治印甚多。渔山治印功力极深，『逼似汉人也』。铁山言：『渔弟奏刀雄放，能传笔未到之神。』

『承斋』寿山石印

民国

印面1.8×1.8厘米，通高5.5厘米

旧藏

寿山石质。薄意松鼠葡萄，方形印面，朱文，印文为『承斋』，边款『军次承斋返省时记』。

『野性犹同纵壑鱼』青田石印

民国

印面2.7×2.7厘米，通高7厘米

旧藏

青田石质。随形素面，方形印面，朱文，印文为『野性犹同纵壑鱼』。语出北宋苏轼诗《游卢山次韵章传道》。

『我堪比昔日乘马三年不知牝牡孙叔敖』昌化石印

民国

印面2.6×2.6厘米，通高6.4厘米

旧藏

昌化石质。方形印面，白文，印文为『我堪比昔日乘马三年不知牝牡孙叔敖』。语出诸葛亮评价孙叔敖之言：『昔孙叔敖乘马三年，不知牝牡，称其贤也。』

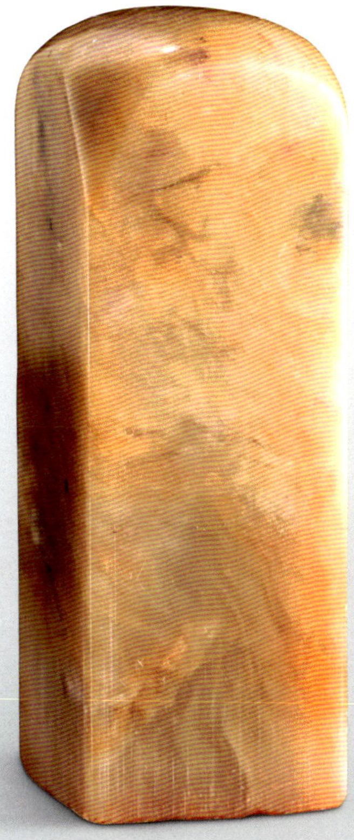

『定础』青田石印

民国

印面 2.2×1.1 厘米，通高 7.8 厘米

旧藏

青田石质。长方形印面，白文，印文为『定础』。定础，柯璜也。柯璜（1876~1963年），字定础，号绿天野人，浙江黄岩县人。先生半生生活在山西，曾创办山西教育图书博物馆，醉心于书画艺术，是民国时期著名的书画家。